"双 证 书" 课 程 教

职业教育"双证书"课程规范化开发指南

zhiye jiaoyu shuangzhengshu kecheng guifanhua kaifa zhinan

■ 龚 雯 著

北京师范大学出版集团
BEIJING NORMAL UNIVERSITY PUBLISHING GROUP
北京师范大学出版社

图书在版编目（CIP）数据

职业教育"双证书"课程规范化开发指南 / 龚雯著. —北京：北京师范大学出版社，2011.11
（双证书课程教育系列丛书）
ISBN 978-7-303-13437-3

Ⅰ. ①职… Ⅱ. ①龚… Ⅲ. ①高等职业教育－课程－教学研究 Ⅳ. ①G718.5

中国版本图书馆CIP数据核字（2011）第193814号

出版发行：北京师范大学出版社 www.bnup.com.cn
北京新街口外大街19号
邮政编码：100875
印　　刷：北京中印联印务有限公司
经　　销：全国新华书店
开　　本：170 mm × 230 mm
印　　张：15.25
字　　数：300千字
版　　次：2010年11月第1版
印　　次：2011年11月第1次印刷
定　　价：30.00元

策划编辑：周光明　　责任编辑：周光明
美术编辑：高　霞　　装帧设计：天泽润
责任校对：李　菡　　责任印制：孙文凯

目 录

第一章
“双证书”课程规范化开发途径

随着我国社会经济的发展和知识的膨胀，职业技术教育正在发生着前所未有的变革。传统的学科教育因不能适应社会职业不断进步的要求，已不再是职业教育的主流形式；传统的课程内容、结构因不能适应受教育者的要求，已经开始进行重大重组与重构；传统的授课方式，因不能适应教育技术的发展，面临着巨大的挑战。

新时代的职业技术教育课程与社会职业的发展变化、国家国民经济结构、产业结构、科技水平现状等息息相关，它受社会力量、知识处理方式、劳动者的技能成长和发展、生产作业过程的变化等因素的影响。国际公认的判断一个国家职业技术教育发展水平高低的重要标准，是看职业技术教育与社会经济生活是否保持了联系以及这种联系的紧密程度。这种联系体现在职业教育中，就是将人才培养目标与社会需求挂钩，与国家职业标准相结合。

以国家职业标准和学校教育标准为共同依据设计开发职业技术教育课程，是世界上职业教育发达国家的成功经验。它有利于促进职业教育水平的提高，可避免职业院校、社会培训机构等各自为战的情况，使教育资源得到更加有效、更加合理的配置，使职业教育人才培养质量参差不齐的现象得到改观，使教育质量更易评价。从而在根本上促进职业教育整体水平提高，达到提高劳动者素质，提高企业竞争力的目的。

一、“双证书”课程发展背景

(一)教育质量要求不断提高

《国家中长期教育改革和发展规划纲要(2010—2020年)》提出，要大力发展职业教育，到2020年，形成适应经济发展方式转变和产业结构调整要求、体现终身教育理念的现代职业教育体系；把提高质量作为重点，以服务为宗旨，以就业为导向，推进教育教学改革；实行工学结合、校企合作、顶岗实习的人才培养模式；积极推进学历证书和职业资格证书“双证书”制度，推进职业学校专业课程内容和职业标准相衔接；完善就业准入制度，执行“先培训，后就业”、“先培训，后上岗”的规定。

在此背景下，如何使职业技术教育培养出更多受企业欢迎的质量高、能力强的人才，成为了摆在职业教育工作者面前的头等大事；如何开发出符合工学结合、校企合作人才培养模式的课程，并保证课程的质量，满足人才培养需要，更是一个急需解决的问题。

(二)职业人才能力价值观不断更新

经济发展与人才需求是互动的、相辅相成的，经济发展需要有与之相适应的人才来支撑。经济发展需要人才，人才又反作用于经济，造就新的经济增长点，促进经济的更快发展，最终引起经济质的飞跃。在此过程中，职业更新迭替，同时职业人才能力价值观也随之演变，新的能力需求点以及人才标准呈泉涌之势，层出不穷。首先，经济发展带来了更多的就业岗位，前所未闻的新职业如雨后春笋般涌现。1999 年 5 月颁布的《中华人民共和国职业分类大典》发布了 8 个大类 1 838 个职业，而到 2008 年年底，职业总数已达到了 1 915 个，九年间新增职业 77 个，即每年都有 8～9 个新职业产生。

其次，生产技术进步使评价职业人才能力的标准发生了根本性的变化，评价标准从简单的职业技能性要求，发展到了创新能力、创造性工作能力的要求。如越来越多的企业要求员工做到，不仅要有过硬的岗位技能，更要有宽阔的技术知识面，了解和掌握最新的技术发展趋势。在一些高新技术企业，它们的员工不仅要进行职业技能培训，还要学习公共知识，如科技知识、外语、信息技术、质量管理知识等。

最后，经济全球化的趋势将使我国的产业结构产生战略性调整，由此也带来了对人才价值评价的新标准，主要表现在两个方面：其一，未来产业结构中高技术、高知识含量、高附加值、高综合性和高复杂性的特征将越来越显著，要求培养的人才在创造性、自主学习性、丰富的想象力和洞察力等素质和能力方面更强，适应未来产业发展需要的、具有新型知识结构、较强的适应能力、创新能力和国际竞争力的人才，将成为劳动力市场的主流。其二，中国企业越来越多地参与全球化竞争，职业人才能力要求越来越向国际靠近，职业资格证书需要得到国际认可，这也是职业人才价值观变化的一个新趋势。

(三)教育资源和教育技术的快速发展

教育资源和教育技术是课程理论不断发展的助推器。从MES课程到CBE课程再到学习领域课程等，新时期的职业教育课程理论持续创新，为“双证书”课程产生提供了理论基础；设备技术性能水平和数量的提升，使职业教育课程做到了在真实的工作环境中实施，为“双证书”课程实施奠定了物质基础；教师知识和能力的提高，奠定了“双证书”课程实施的教学资源基础；职业院校的行政支持系统管理方式向适应职业教育发展方向的转变，奠定了“双证书”课程实施运行的保障基础。

在良好的教育资源和新教育技术的环境中，“双证书”课程所具有的情境性、实践性等特征，可以得到充分的体现。以计算机技术和网络技术为代表的新教育技术的使用，使得学习者获得了更广阔的学习空间和宽泛的学习时间。如新教育技术使学生在学习空间上得到了扩展，他们可以超越地域，跨越课堂和生产现场双重情境，坐在教室里就能够观摩邻近企业、外地企业、甚至远隔重洋的外国企业的生产运作过程；计算机虚拟仿真技术能使生产现场、生产设备等展现在课堂上，让一些原本无法亲身感知的场景，有了身临其境的感受，仿佛进入到真实工作场景一般；使得学习者的学习时间变得更加自由，网络课程使他们一天24小时都可以学习；他们的学习也不仅仅拘泥于课堂上的听和看，还可以在真实的生产现场，通过动手实践进行学习。所有这一切都对“双证书”课程的发展产生着积极影响。

二、我国“双证书”教育课程发展现状

近年来，根据国家关于“在全社会实行学历证书、职业资格证书并重的制度”的要求，各职业院校在人才培养中都将国家职业资格的相关要求融入了教学内容，并开发了一批相应课程，使“双证书”制度走进了职业教育。

(一)“双证书”课程发展历程

目前，国内高职院校的“双证书”课程绝大多数都采用校本课程开发模式(school-bsaed curriculum development)。“双证书”课程的发展大约经历了以下过程：

1. 基于“单一标准”的课程开发模式

基于“单一标准”的课程开发模式是指课程开发以获得学历文凭为基本标准，

课程内容与职业技术发展相联系，但课程设计时很少考虑课程知识在职业工作中的应用规律的一种课程开发模式。“单一标准”的课程开发模式采用准备论方法，其核心价值观是，课程设计的指导思想是为工作过程准备知识，知识编排按照知识本身的相关性进行组合和设置，不刻意追求和考虑在课程中体现职业活动的过程和规律。

这种课程开发模式的主要特征是：

(1)课程开发工作由职业教育机构单独承担，课程内容以学科理论知识为主，各类知识间联系松散，呈明显的割裂状态，学习者必须经过较长时间的实践应用，才能将知识分类组合成与职业工作要求相适应的状态。

(2)课程模式以学科式为主要形式。“单一标准”课程的目标是获得学历文凭，课程内容是今后职业工作中所必需的知识，各类知识之间以学科为主线相互联系，体现课程知识的系统性。

(3)课程开发以选用为主要形式。由于课程内容与职业工作状态缺乏紧密联系，各职业院校的课程也就体现不出地域和行业的特征，造成课程内容和结构趋同。在此情况下，课程开发的主要任务就是，凭借所掌握的各方面信息，从众多的、可能的课程方案、项目中，综合判断和选择哪个课程方案或项目更适合用在教学中。

随着职业教育理论的发展，“单一标准”的课程开发模式已逐步淘汰。

2. 基于“双重标准”的课程开发模式

基于“双重标准”的课程开发模式是指在课程开发过程中，课程目标由企业用人标准和学历文凭标准“双重标准”确定，因此该课程开发模式符合职业教育“以服务为宗旨，以就业为导向”的办学方针。“双重标准”的课程开发模式的特点是：采用过程论方法，主张依据工作过程组织知识，以使学习者感受到知识与职业工作的紧密关系，改变了学科式课程中知识的割裂状况。

该模式下，按课程开发主体的不同，课程分为两类。一类是以企业为主体开发的课程，如 MES 课程、CBE 课程等，其特点是以企业工作规范为基础，建立课程的教学大纲，课程内容与管理、生产或服务的实际情况紧密联系；另一类课程是以企业调研为基础，并结合原有学科体系改造而成的课程，如组合式的专业课程等，其特点是：在原有学科式课程体系下，对现有的学科课程进行改造，将课程体系中一些专业性强、应用性强、实践性强的课程，组合成一门综合课。改造后的课程具有以下特点：

(1)提高了专业课程综合性。在一门课程中有多门学科式课程的知识，如在机械类专业，将原来的学科式课程——《机械设计》，改造为《机械设计基础》课程，把力学、工程材料、机械零件等不同课程的内容合并进去，在一门课中体现了多学科的知识。

(2)课程中各类知识呈现叠加、组合状态。没有实现知识的有机融合，也就更谈不上在课程中建立知识转化为能力的桥梁。

(3)从职业能力培养的角度看，该类课程初步体现了职业能力对知识综合应用的要求，使专业知识的割裂现象有所改善，有助于学习者对专业知识的系统把握。

基于“双重标准”——企业用人标准和学历文凭标准的调研式课程开发模式，存在的最大问题是：由于各地域、各行业(企业)的职业活动工作内容有不同的侧重点，呈现出不同的特征，故很难从调研材料和行业(企业)专家那里得到较为一致的人才规格标准。

3. 基于“三元标准”的课程开发模式

“三元标准”的课程开发模式是指在课程开发过程中，遵循职业资格标准、学历标准和企业用人标准，在对人才供需等情况进行广泛调研的基础上，确定专业人才培养方向，构建课程体系，开发职业教育课程的一种方法。该模式吸取了“单一标准”和“双重标准”课程开发模式的优点，秉承过程论方法，仍以工作过程为主线组织各类知识，但在课程目标、课程设计、学习模式、开发主体成分等方面，形成了自己独特的风格。

(1)国家职业技能鉴定机构成为新的课程开发主体

当前，在职业技术教育领域已经形成了这样的共识：国家职业技能鉴定机构成为“双证书”课程的开发主体之一，是职业技术教育课程得到社会各方利益相关者共同认同的重要前提之一。根据相关规定，职业院校学生可以通过四种途径获得职业资格证书，但无论选择哪种途径获得职业资格证书，其考核鉴定方式的方案和试题均必须经过相应的职业技能鉴定中心审核批准。由此可见，“双证书”课程是否能够得到国家职业技能鉴定机构的认可，是学生获得“双证书”的关键。

(2)课程更新速率更高

课程开发主体的多元化使课程开发角色更加丰富，信息渠道更加通畅。广泛和通畅的信息渠道，使本区域职业技术水平现状、未来发展趋势、劳动力供求等信息能够及时、准确地反馈到课程中，有利于对课程目标、课程内容的调整和更新，提高课程内容对社会需求的反应速率。

(3)课程柔性更强

以国家职业标准作为课程开发的重要依据，有利于采用工作体系表达课程知识，并能够通过对工作任务内容和要求的调整，达到根据实际教学需要对课程内容进行自由裁量的目的，以便于适应不同区域、不同行业、不同企业用人标准的不同要求，使课程柔性更强。

(二)职业院校"双证书"教育课程现状

1. 国家职业资格证书已大规模进入职业教育

国内各职业院校已普遍引入职业资格证书，其中大多数证书属职业技能鉴定机构管理。根据教育部高等教育司 2005 年的调查，全国 26 个省(自治区、直辖市)的 361 所独立设置的高职院校，已在部分专业或全部专业引入职业资格证书、实施"双证书"教育课程的有 335 所，占被调查院校的 92.6%。职业院校毕业生考取职业资格证书的人数占毕业生总数的 74.5%，其中 86%为中级职业资格证书[1]，(见本书最后参考文献[1]，以下类推)。

2."1+1"并行的课程体系模式

目前，大多数职业院校的"双证书"课程，以同时开设学历文凭课程和职业技能鉴定课程为主要模式，即"1+1"并行的课程体系模式。学生毕业时，通过学校的考核可获得学历文凭，通过职业技能鉴定部门举办的技能鉴定可获得国家职业资格证书，同时通过学校考核和职业技能鉴定，才能获得"双证书"。

随着职业教育影响的日益扩大，在"双证书"教育开展较好的行业和地区，一些新的、更有效的"双证书"课程模式正在涌现出来。如一些地区的教育部门与劳动部门合作，开发了适用于职业教育的综合职业能力鉴定考核规范，拓宽了职业院校学生职业技能鉴定的渠道，对推动职业院校"双证书"课程实施产生了积极作用。再如，职业资格证书"直通车"模式，即在完成所有课程学习之后，学生毕业时不再需要参加职业技能鉴定机构的技能鉴定，可直接获得相关的职业资格证书。

三、"双证书"课程规范化开发切入点

"双证书"课程是指在职业技术教育中，为使学生达到学历证书和职业资格证书"双证书"要求的学识和能力水平，在学校有计划、有组织的指导下，受教育者与教育情境相互作用而获得有益于职业能力发展的专业教育内容，教育内容由所在地域的教育与社会经济背景决定[2]。根据以上定义，具有以下显著特

征的职业技术教育专业技术类课程，以及实习、实训类课程等，均可以归类为“双证书”课程。

①直接培养学生职业能力，具有显著的职业工作技能要求；

②要求运用专业知识解决职业实践活动中的技术问题；

③课程内容与职业能力要求紧密相关。

(一)课程开发

课程开发(curriculum development)工作是一个复杂的系统性工作，它要综合考虑包括目标、内容、活动、方法、资源及媒介、环境、评价、时间、人员、权利、程序和参与等各种课程因素，以及这些因素之间的交互作用。因此，课程开发包括了课程规划制订、课程设计、课程实施、课程管理、课程评价等课程运作的全过程。

“双证书”课程开发要考虑的具体问题是：

①如何整合教育资源，以达到“双证书”课程的要求；

②如何将国家职业标准的能力要求与本区域的职业技术水平结合在一起，并将其转化为课程内容；

③如何在课程实施中取得好的效果；

④如何对课程与教学进行评价和改进。

据此，“双证书”课程的开发过程可分为三个阶段九个步骤，即

第一阶段：调研；人才需求分析；确定课程目标；国家职业标准分析；

第二阶段：确定课程包含的所有工作任务；工作任务归类分析；形成课程；

第三阶段：课程实施；课程开发评价(包括开发质量评价和课程实施评价)。

(二)“双证书”课程规范化开发切入点

职业教育课程开发的规范化和质量标准是职业教育技术标准的重要组成部分，“双证书”课程规范化开发是一个复杂的系统工作，理应成为被规范化的对象。但是，由于职业教育课程强烈的职业特征和地域特征，将这个复杂系统中的每一个环节或要素都进行规范是不现实的，故以对工作程序、课程内容设计方法、课程开发工作管理和课程开发文件四个方面进行规范化管理为佳。

1.“双证书”课程开发工作程序规范化

管理学认为工作程序决定效率，工作程序影响效益，工作程序是工作效率的源泉。科学、严谨的工作程序有利于程序的有效执行、控制和管理，有利于

各项工作的良性开展，有利于减少工作失误，分清责任，从而保证高效、高质量地完成工作任务。课程开发的工作程序规范化，是对课程开发的一般工作程序和任务做出规范化的规定，它一般包括对课程开发的主体、工作步骤、工作内容等方面的规定。

2.“双证书”课程内容设计方法规范化

“双证书”课程内容设计方法规范化的内容包括对课程开发和实施情境的规定。如，根据什么原则设计学习情境？课程实施需要什么样的教学条件？教学设备的最低配置标准是什么？对教师和学生的经验、能力要求是怎样的，等等。它还包括课程目标确定、课程内容选择、知识表达体系确定、知识组织、课程实施、课程评价等环节的规定。

3.课程开发工作管理规范化

课程开发工作管理规范化是关于课程开发过程中各工作环节应达到的目标、目的、主体的工作职责以及实现途径的规定，是课程调研、职业能力分析提取、课程标准制定、教学资源开发利用等工作应遵循的规范，它还包括对课程开发质量评价方法和标准的规范。

4. 课程开发文件规范化

高质量的课程文件能够很好地表达课程决策的内容，为课程学习者、课程实施者以及关注该课程的人们提供有价值的信息。因此，对课程开发文件的规定包括两方面的内容：一是关于文件类别、数量的规定，包括教学指导文件和课程基础文件(资料)两部分；二是关于文件质量、内容的规定，包括每类课程文件撰写的技术质量标准和范式。

四、“双证书”课程规范化开发途径

(一)“双证书”课程规范化开发的意义

“规范”、“规范化”在日常生活中被认为是一种批评、检查、比较的标准，因此行政程序、生产流程、教育培训等，都是规范化的对象。“规范性的，在哲学上意味着对与规范有关的事实进行评价或者限定的每一个判断，这种样式的判断实质上从属于对规范的建立。”[3] 所以，在最充分的意义上，规范性的就是建立规范的意思。“规范的”一词始于教育机构和医院的改革，在 19 世纪时，多被用来指学院典范和器官健康的状态，逐渐地这一词也出现在政治和经济领域中，最终发展为“规范化”。规范化具有总体化的特征，“在一个系统内，规范之间是——至少是潜在地——彼此相关的。它们在一个社会系统中的相关性趋于使这个系统成为一个组织，也就是说，一个就本质而言的整体。”[4]因此，课程开发工作是课程建设的重要环节，规范课程开发的各个环节的工作，对保障课程质量，建立社会信任的基础，达到各利益相关方对人才培养质量的认同，都具有很强的现实意义和深远的历史意义。

1. 有利于提高课程开发质量

课程质量的高低，体现在社会各方对课程的认同程度、教育者对课程的接受程度、学习者对课程的兴趣等多个方面。课程开发工作是一项系统工程，具有一般系统均具有的集合性、相关性、目的性、动态性和环境适应性，这一工作过程的每一个环节，对新课程都会产生显著影响。例如，在调研阶段，选取的调研企业代表性不够广泛，实践专家的职业工作经验不够丰富，知识和能力层次与培养目标不相适应等问题，均会使课程内容选择出现偏颇；在课程内容编排设计阶段，如果没有课程专家参与，不考虑学习者的心理和思维方面的因素，就会降低学习者对课程的兴趣，最终影响学生培养质量。

2. 有利于提高课程开发工作效率

对课程开发工作的规范性进行研究，有利于建立以先进的职业教育理论和教学实践经验为基础的科学的、实用的工作规范，从而对课程开发工作产生积极影响。首先，课程开发工作的规范化，使课程开发工作组织做到了有章可循，人员分工和工作安排也有了较强的可预见性，由此既可避免众人蜂拥而上，进行重复性工作的局面，又可避免由于工作预期不明确，盲目等待的现象。在这样的背景下工作，每个人都清楚地知道下一步要做的工作是什么，从而提前做好工作准备，为优质、高效地完成工作任务奠定基础。

其次，由于详细规定了课程开发工作各环节的工作内容及工作标准，使每个课程开发人员在工作初期即明确了工作任务和目标，避免了由于工作内容不明确，工作要求不确切造成的工作质量问题，使各项工作能够按照要求，在最短的时间内保质保量地完成，有效地提高了工作效率和质量。

最后，将课程开发的各项文件、标准的形式固定下来，作为指导课程开发工作的准则，并在实践中加以贯彻执行，可以保证课程开发质量的稳定性，并在增强课程质量监督工作力度的同时，减少人力、物力、财力的投入。

3. 有利于形成各利益相关方课程互认的平台

学生毕业时，直接获得“双证书”是职业院校“双证书”课程体系构建的重要目标之一。实现这一目标的前提是，社会各界对课程的认可，特别是职业技能鉴定机构对课程的认证。对职业教育“双证书”课程开发工作进行规范，使课程开发工作成为多元主体参加的，面向社会公开的一项事务，有利于形成社会各界监督的环境和条件，有利于课程各利益相关方的相互信任，有利于各方对课程质量的跟踪评价，最终形成以规范化的工作程序、工作内容、优质的课程质量和管理程序为基础的，各利益相关方互认的课程平台，并以此作为桥梁联结职业院校、职业技能鉴定机构及行业企业，从而实现职业教育的“直通式”“双证书”教育。

(二)“双证书”课程规范化开发途径——建立课程开发技术标准

标准具有对一定范围内的重复性事物和概念做出统一规定的功能。课程开发工作具有工作程序重复性强、规律性强的特征，且工作过程易受多种因素干扰的特点，故应该采用制定技术标准的方法对其进行规范。课程开发的技术标准是一种工作标准。它包括程序性标准、工作标准、课程背景标准和课程文件标准四个部分，分别对课程开发的组织管理机制、工作程序、工作方法、质量控制方法等环节做出规范性规定。

同各行各业的标准一样，“双证书”课程开发的技术标准，可以为职业课程开发的主体提供有价值的工作参考体系和评价指标。它可以控制、测评课程开发过程的进行，是否符合职业教育课程开发规律，是否符合职业能力形成的规律，课程开发的结果是否满足工学结合的职业人才培养要求等。

第二章
"双证书"课程规范化开发工作内容

"双证书"课程的规范化开发，应从课程开发程序、课程内容设计方法、课程开发工作管理、课程文件四个环节入手，以技术标准的形式规定各项工作的工作目标、工作标准、工作流程、工作成果，从而在管理方式、成果展现形式、管理机制等方面实现规范化。

一、课程开发程序规范化的工作内容

职业教育"双证书"课程的开发，由于要同时满足学历证书和职业资格证书的双重要求，既有教育性又有职业性的缘故，故从课程开发的第一个环节——成立课程开发工作小组开始，到行业调研、职业能力需求分析、前期评价、课程设计、课程实施准备、课程评价及改进、课程文件管理等各工作环节，都有自己鲜明的特色和独特的要求。

运用统筹学和管理学原理，对这些工作内容进行统筹和梳理，可以得到"双证书"课程开发程序规范化的三项工作内容：

①课程开发工作流程规范化；

②课程开发工作成果规范化；

③课程开发工作方法和手段规范化。

（一）课程开发工作流程规范化

课程开发工作流程规范化规定了课程开发工作实施的具体步骤和各步骤间的逻辑联系。课程开发工作流程一般应分阶段设置，以便及时总结工作得失，进行修订、补救，为下一阶段工作奠定良好基础。

从图 2-1 所示的"双证书"课程开发工作步骤中可以看出，其工作流程的环节有工作环节和评价环节两种类型。工作流程中共有三次评价。第一次评价是对成立工作组、行业调研、职业能力需求分析和专业课程体系设计四个基础工作环节的评价；第二次评价是对课程形成的主要环节的评价，包括对课程总体设计、编制课程标准、课程内容设计、课程资源开发等工作环节的评价；第三次评价是课程实施、建立课程文件档案工作环节的评价。通过工作程序规范化，规范了整个课程开发活动的工作环节顺序、工作环节数量和工作过程的完整性。

(二)课程开发工作成果规范化

课程开发工作成果规范化的积极意义在于通过规定工作成果产生的背景环境，建立工作成果与工作过程的逻辑关系，从客观上保证工作成果是产生在一定的工作基础之上，不是杜撰或借用的，避免无源之水、无本之木的产生。

图 2-2 所示为各个工作步骤所产生的工作成果的逻辑关系图，说明了工作成果产生的基础和充分必要条件。由图可知，行业(企业)调研报告、实践专家研讨会总结报告和国家职业标准分析报告是进行“双证书”课程开发工作的最基本素材，专业课程体系和专业课程均是在此基础上产生的；课程标准是课程设计和教学设计的依据，一切教学指导文件均由此产生。

(三)课程开发工作方法和手段规范化

课程开发工作方法和手段规范化是对各工作环节工作方法手段的规定。该规定的目的在于为各工作环节的工作质量提供保障，正确、合理的工作方法和手段是取得工作成果的前提条件，并对工作目标的实现起到支撑、保证作用。从某种意义上讲，课程开发工作是一项软性工作，特别是在课程开发基础资料的获取阶段，极易因为工作方法手段不到位，使基础资料的真实性、准确性、齐全性受到影响，继而影响课程决策的正确性，造成课程开发质量的下降。因此，必须规定最基本的工作方法手段，以保障课程开发工作顺利进行。

二、课程内容设计方法规范化的工作内容

国家中长期教育发展规划中，明确提出积极推进学历证书和职业资格证书的“双证书”制度，推进职业学校专业课程内容和职业标准相衔接。职业教育专业课程与职业标准相衔接，首先表现在课程内容的衔接上，课程内容设计方法规范化工作就是确定用什么方法选择课程内容，用什么组织形式编排课程内容。

(一)规范选择课程内容的方法

从学习者能力培养需要的角度看，“双证书”教育课程应包括三个方面的内

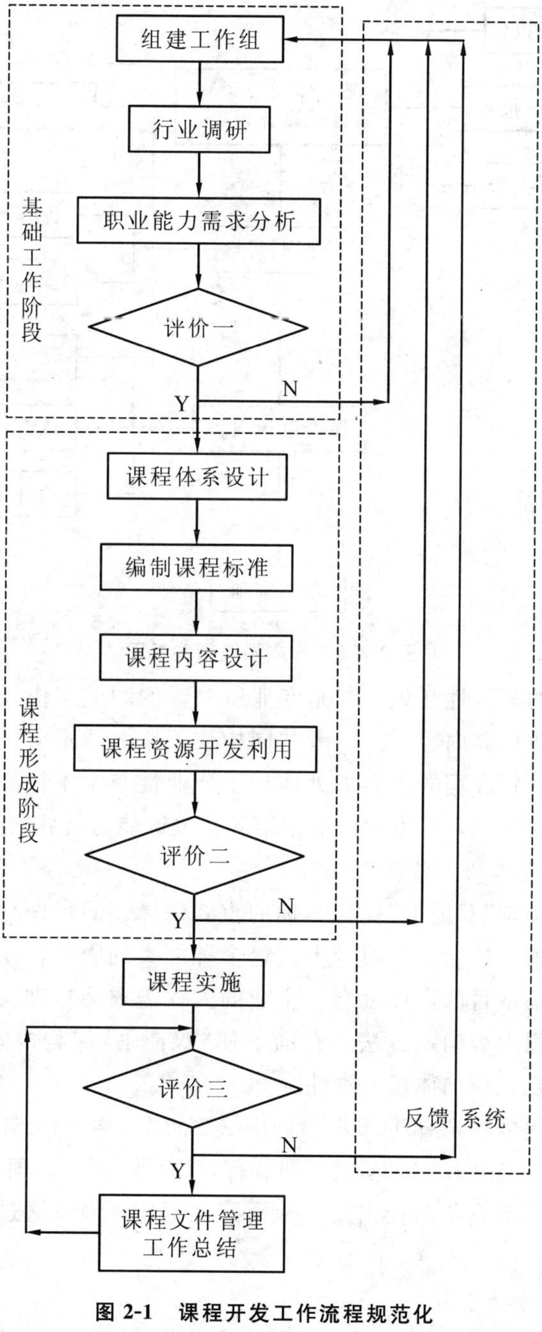

图 2-1 课程开发工作流程规范化

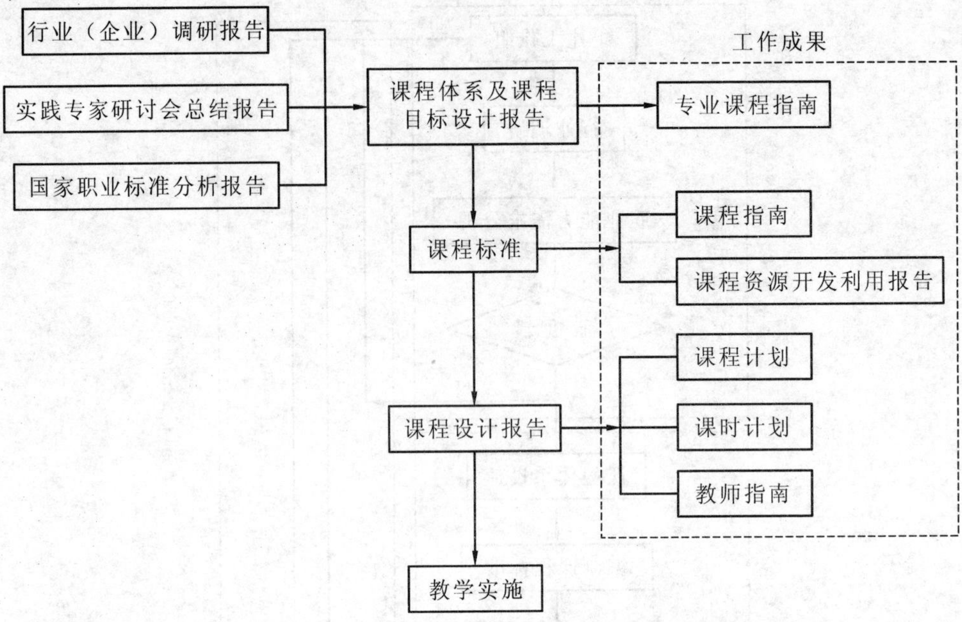

图 2-2　工作成果逻辑关系图

容，一是本专业的学科性知识，二是专业所对应的职业工作领域知识，三是职业素质和人本素质培养内容，此三者共同构成了职业技术人才所需要的工作能力。因此，“双证书”课程的内容处处体现了职业性与学术性的对立统一，实践性与理论性的对立统一，基本职业能力培养与关键能力培养的对立统一。

1. 确定课程内容的工作步骤

课程内容是实现“双证书”课程目标的重要保障。确定课程内容时，要综合考虑国家教育政策、社会、学习者个人等多种因素的影响，以取得学历证书和职业资格证书为根本目的，以社会、企业的人才需求为标准，决定课程内容的取舍。规范的课程内容确定方法，有助于使“双证书”课程内容选取更加有效、更加贴近社会需要、更加体现人本性。

“双证书”课程内容选择工作步骤如图 2-3 所示。由图可知，“双证书”课程内容的确定采用“三路归一”的模式，即从行业(企业)调研、国家职业标准分析、召开实践专家研讨会三条路径出发，分别开展工作，最终通过分析汇总得出应选取的课程内容。

2. 课程内容选择原则

(1)课程内容选择以国家职业标准为主要依据

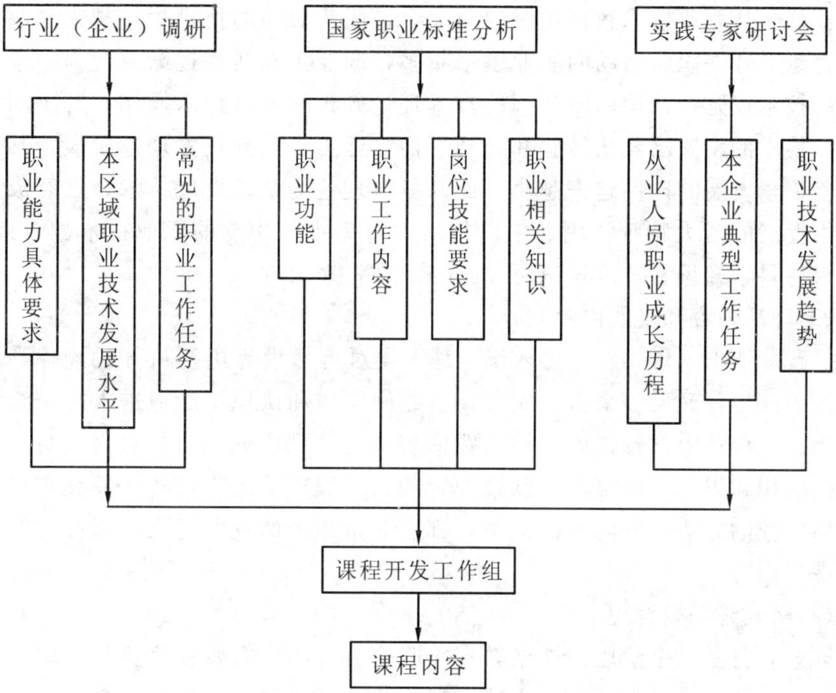

图 2-3 确定课程内容的工作步骤

国家职业标准的核心内容是职业基本要求和工作要求。职业基本要求是职业道德和基础知识。工作要求是在对职业活动分解和细化的基础上，从知识和技能两个方面对完成各项具体工作所需职业能力的描述，这两部分内容中，既包含从事职业活动所要求的职业技术和知识，也包含了创造性工作所要求的科学知识和技术知识内容，与“双证书”课程内容选择要求相一致，故是“双证书”课程开发的重要依据。

(2)科学内容与技术内容共存

重视技术能力培养是职业教育重要的特征之一，但科学素养的培养对职业教育同样重要。科学是知识体系和由知识所转化的生产实践活动的统一。技术是人类为了满足社会需要，利用自然规律，在改造和控制自然的实践中所创造的劳动手段、工艺方法和技能体系的总和，是反映现代技术形象的科学界说[5]。因此技术是对自然规律的应用，它的自然属性决定了技术的内在构成的根本要素是科学知识。技术的自然属性决定了技术与科学间的紧密关系，也决定了以技术教育为主要功能的职业教育必然包含科学内容与技术内容两方面知识。

此外，从职业技术教育发展的角度看，职业活动的技术含量越来越高，在技术背景下开展职业活动的职业越来越多，职业工作活动逐渐演变为一个按照一定的技术规则，并运用所掌握的技术理论知识，通过技术操作，解决问题的过程。技术的发展已经从经验和技巧层面，逐步进入到技术理论阶段，其中依靠经验积累发展的比例越来越小，而以科学理论为基础发展技术，已经成为现代技术发展的最大特征。因此，以技术教育为主要功能的职业技术教育课程，必然保持科学知识和技术知识两方面内容的平衡。

(3)理论内容和实践内容共存

实践—认识—再实践—再认识，是人类对自然世界进行认知的规律，理论从实践中产生，又反过来指导实践，由此使实践和认识不断地进入高一级的程度。因此，课程中的理论内容和实践内容，对达到职业教育的最终目标——培养学生应用知识完成明确的、预先规定的、可展望的工作任务，并具有灵活性和以启发性的方法解决问题的能力，都有非常积极的现实意义，因此要共同存在于课程内容中。

(4)融入终身教育理念

职业教育是一个阶段性终结教育，职业关键能力需要在终身学习中不断培养和锻炼。此外，科学技术的飞速发展也使产品创新、生产工艺创新、生产设备创新更加迅速，如果没有紧跟时代的意识和行动，很快就会被社会淘汰。因此，终身教育是当今教育的发展趋势，职业教育应该采用终身教育的形式，课程中必须体现终身教育理念。

(二)规范课程知识表达体系

1. 以工作体系作为课程知识表达体系

赫尔巴屈在论述知识与技术关系时，指出“尽管技术中包含了知识，但它是应用于具体技术活动的特定形式的知识，这与形式化知识的普遍抽象性特征形成鲜明对比”[6]。此段论述说明了：知识在技术活动中的应用形式不是其普遍抽象的形式；知识应用于技术活动时必须经过迁移。因此，一个人的职业工作能力不但与其所拥有的知识量有关，并且与自身的知识迁移的控制能力有关。因为在知识与职业工作任务之间有特定的联系，这种联系有两种表现形式，一种是知识—任务的简单组合关系，另一种是在运用知识解决问题时，知识—任务之间由知识的迁移应用，创新出了新知识、新技术。

显然，以职业技术知识所在的工作体系为课程逻辑结构，表达职业所需要的各种知识，有利于学生获得经验技术，能够帮助学生形成知识迁移的正确通道，为最终实现能力升华，达到通过知识迁移，完成工作任务奠定了基础。

2. 以工作过程为主线编排课程内容

现代技术理论的不断发展和在生产实践中的广泛应用，使职业工作任务内容更加复杂，解决一个问题所需的知识更多。例如，对一台光、机、电、液一体化的数控加工中心进行维修时，要用到机械、电气、光学、液压、数控技术等多个学科的知识和技术，如果按学科式体系编排课程内容，不利于知识的综合应用，从而影响了职业能力的培养水平。

因此，“双证书”课程内容所具有职业性与学术性的对立统一，实践性与理论性的对立统一，基本职业能力培养与关键能力培养的对立统一的特性，决定了该类课程不能再以学科式体系编排课程内容，而要以职业工作过程为主线编排课程内容。

3. 以工作情境为课程内容再现的主要形式

对于一个职业工作领域来讲，它涵盖了较广泛的活动空间，包含了多个不同形式和性质的工作任务。从事职业活动的人员必须采用特定形式的知识，去解决不同的问题，才能完成工作任务。知识与工作任务之间的这种特定联系，只有在具体的工作情境中，才能淋漓尽致地体现出来，才更容易被学习者发现和掌握。

4. 关键能力培养寓于基本能力培养之中

基本职业能力是从业人员完成职业工作任务所应具备的技能与知识的总和，是从事职业活动，完成工作任务的基本保障，它相对于普遍性意义的通用职业能力来讲，是一种特殊的职业能力。关键能力是一种综合职业能力，它给予从业者的是个人未来发展需要的能力，包括学习能力、通用工作能力、创新思维能力以及基本素质四个方面。

人的职业发展历程表明，职业能力形成的过程，是从掌握特殊职业能力到拥有通用职业能力的过程，是从掌握基本职业能力到拥有关键能力的过程，职业能力成长的最高阶段是基本职业能力到关键能力的升华。关键能力形成的环境是职业工作环境，形成的基础是职业活动，形成的条件是从事职业工作，它不能凭空生成和产生。因此，必须将关键能力培养寓于基本能力培养之中，使学习者在学习特定职业能力的过程中，在学习方法、思维过程、职业认识等方面，都随生产实践活动的进程产生转化和升华，最终形成职业能力。

(三)规范课程设计工作流程

“双证书”课程设计的工作流程如图 2-4 所示。

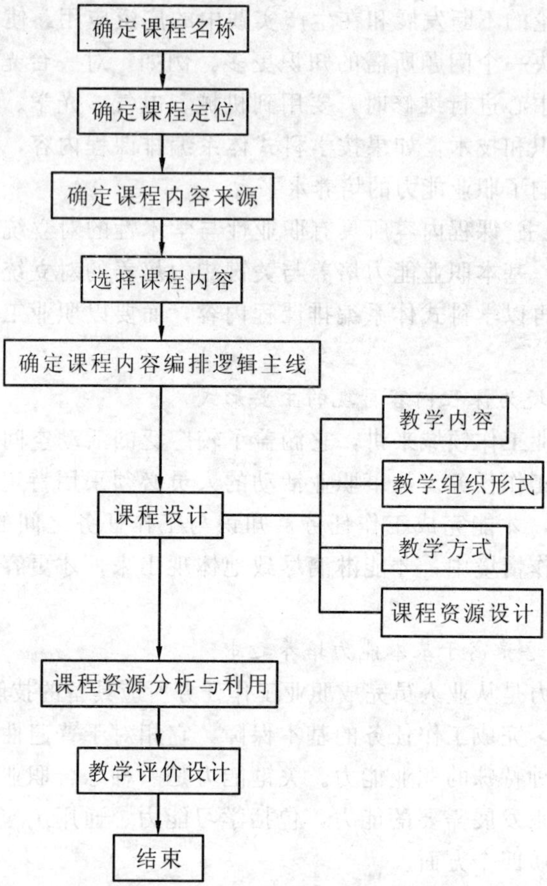

图 2-4 “双证书”课程设计的工作流程

三、课程开发管理规范化的工作内容

课程开发管理规范化包括规范课程开发管理机制、规范课程开发主体和规范课程开发质量评价方法及体系三项工作内容。

(一)规范课程开发管理机制

1. 成立课程开发管理工作机构

①要根据院校的实际情况，成立以学院领导为首的、以院(校)内外在课程开发领域有造诣的专家、学者组成的专门工作小组，负责课程开发技术标准的编写工作，并按照相关工作程序完成标准制定的全部工作；

②要在学院(校)内部建立相应的标准化管理工作体系(根据工作量的大小，专、兼职均可)，负责标准的审批、编号、发布、实施管理等工作；

③课程开发技术标准应由学院(校)法人代表或法人代表授权的主管领导批准、发布，以保证标准在实施中的严肃性。

2. 建立相关管理标准和制度

①制定课程开发各工作阶段应获得的成果的数量和形式的标准，对工作成果文件格式、工作成果形式等做出规定；

②制定每一项具体工作任务的工作流程。如制定实践专家研讨会议程、质量评价工作流程等；

③制定各项工作成果应达到的标准，详细规定各项成果在内容和质量上的目标，建立评价体系，确定评价指标和评价方法，规范课程评价活动。

(二)规范课程开发主体

1. 确定课程开发主体的范围

课程开发主体对课程哲学、课程品质、人才培养模式等都有着重要的影响。职业教育是为企业人才培养服务的，企业的人才需求是制定课程目标的重要依据；企业最了解自己对人才职业能力规格的需求，故应是“双证书”课程开发的主体。教师在课程开发理论方面有较深入的研究，熟悉学生学习模式，承担着向学生传授知识、执行教学任务的工作，在教学内容选择上有一定的发言权，并在教学组织和课程实施中发挥着不可替代的作用，故此在课程开发中，理应占据主体地位。

职业技能鉴定机构是职业技能鉴定和职业资格证书管理、发放的部门，它承担着职业技能鉴定的命题管理任务和职业技能鉴定考务工作，它了解本区域职业技术水平现状和未来发展趋势，掌握劳动力供求的翔实信息，在课程目标设定、课程内容选择等方面的建议具有相当的权威性和指导性，它在“双证书”课程开发中的作用是其它任何机构和个人无法取代的。

此外，职业技术教育的教育属性也决定了课程是为学习者服务的，是为促进社会发展服务的。因此，企业、教师、国家职业技能鉴定机构、学习者，以及其他与“双证书”课程相关的社会团体和个人，都应该是课程开发的主体。

2. 规范课程开发各主体的职责

根据课程开发各主体的工作特点和不同需求，应合理分配他们在课程开发活动中的职责。这样可以从多方面、多角度、多层次获得相关信息，保证所开发的课程符合各方需求。

(1)企业的职责

①提出行业(企业)用人标准；

②提供职业能力成长经验；

③ 提供职业工作实例；

④参加课程设计、教学设计；

⑤确定课程教学设施、设备标准。

(2)教师的职责

①拟定课程设计方案；

②负责课程知识的选择和编排；

③提出教学情境设计方案；

④负责教学设计工作；

⑤提供学校支持环境信息；

⑥提供学生相关信息。

(3)职业技能鉴定机构的职责

①鉴定课程内容与国家职业标准要求的一致性；

②认定课程作为职业资格晋级培训的有效性；

③从国家职业技能鉴定要求的角度，提出对课程的建议。

(三)规范课程开发质量评价方法及体系

课程开发质量评价主要是对课程在实现人才培养目标保障的有效程度、实施的可行性、内容设计的合理性以及实施预期效果等方面进行评价。课程开发质量评价规范化的主要对象是评价模式、评价内容、评价指标的选择方法、评价体系的构建方法等。课程开发质量评价对不同专业、不同类型的课程(如专业理论课、实训课、理论实践一体化课程、专题课程等)应有针对性的评价方案，以期得到客观、公正的评价结果。

1. 规范评价工作的程序

“双证书”课程价值具有针对性和职业性都较强的特点，故其课程评价应以课程开发的全过程为对象，评价分三个阶段进行，每一次评价都有特定的目的和内容。

评价工作程序如图 2-5 所示。图中，第一次评价在完成行业调研和职业能力需求分析之后进行，主要评价内容是，已确定的人才培养目标是否与社会需求相符合；第二阶段评价在完成课程内容设计、课程资源开发、相关教学文件编写等，即完成课程设计工作后进行，主要评价内容是课程内容的选择、知识表达体系、教学实施设计等是否与人才培养目标相适应，所提出的教学资源开发利用建议是否可行，教学资源条件是否能够满足教学实施的要求；第三个阶

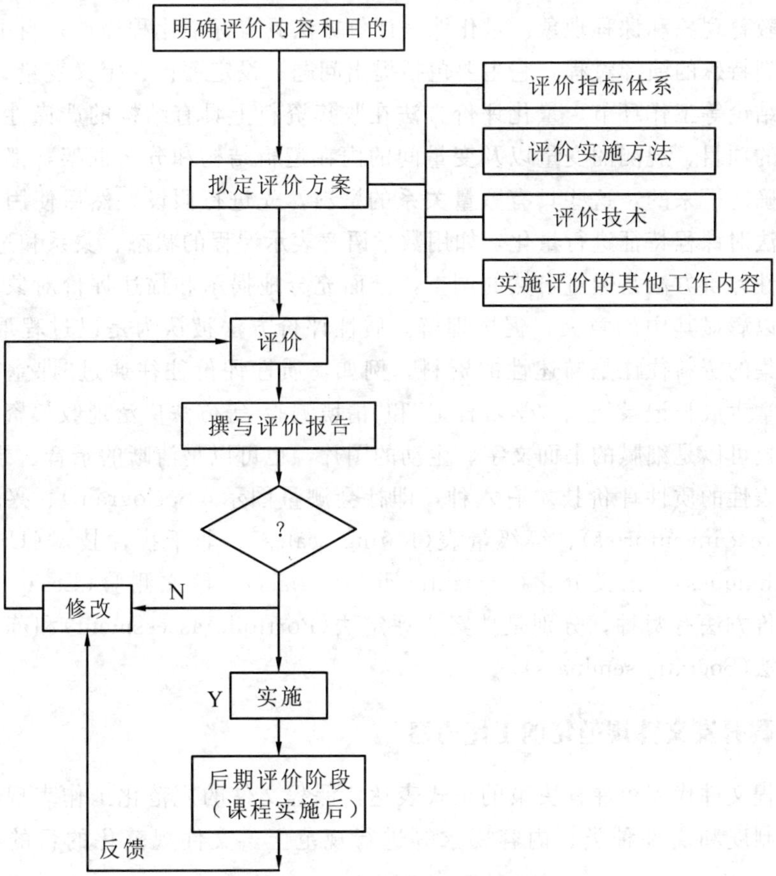

图 2-5 课程开发质量评价工作程序

段的评价是课程的终结性评价，主要针对课程开发的全过程及实施进行评价，评价的内容包括对课程开发方法手段的评价、工作程序的评价以及各阶段工作成果以及实施效果的评价。

2. 规范评价的方法

课程评价的理念、评价的特定目的和评价所针对的具体对象等因素，都对评价技术与方法的选择有影响，客观的技术条件、仪器设备、评价者和被评对象，以及各种主观条件也对评价技术选择产生影响。因此，不同类型课程的评价应选择不同的评价技术。根据“双证书”课程评价的目的和要求，其评价应采用量化评价与质性评价相结合的方法。

量化评价方法简单、明了，能够直接地反映评价对象的特质，适合于简单、单纯的教育现象和课程现象。量化课程评价方法具有标准化程序，是自上而下、从一般到特殊的演绎过程，它主要包括提出问题、设定评价、定义变量、抽样、分析、结论等工作环节。量化评价方法在收集资料上具有结构的严谨性，其收集资料的项目、观测的变量以及变量间的内在逻辑结构和分析框架，都是事先设计和确定下来的，这些具有数量关系的资料，先进行假设，然后使用一定的数学方法对课程特征进行量化，如用数学语言表示课程的状态、关系和过程。

质性评价方法是通过自然的调查，全面充分地揭示和描述评价对象的各种特质，以彰显其中的意义，促进理解。质性评价方法被认为是以过程取向的，它所收集的资料往往是描述性的资料。例如，质性评价往往通过“课堂行为记录”、“学生成长记录袋”、“学习日记”和“情境测验”等方法广泛地收集资料，其资料形式可以是细腻的书面文字、生动的图片，也可以是清晰的录音、录像等。较有代表性的质性评价技术有六种，即社会测量图示（Sociogram）、兴趣调查表(Interest inventories)、等级量表(Rating scales)、非干扰性技术(Unobtrusive techniques)、语义分化(Semantic differentials)、论文测验(Essay tests)。质性评价方法有两种，分别是档案袋评定法(Portfolio assessment)和苏格拉底式研讨法(Socratic seminars)。

四、课程开发文件规范化的工作内容

课程文件代表了课程决策的正式表达，课程文件的规范化工作表现在对文件管理制度和文件种类、内容要求等进行规范上。文件规范化的目的有以下几个：

①确保课程开发每个工作环节不缺失，每个工作环节的工作质量达到要求；

②为教师提供高质量的教学指导信息，为学生提供高质量的学习材料；

③规范化的文件是课程得到学生和社会各界认可的基础；

④为课程的修订和完善提供依据，同时为相关课程的开发提供参考资料。

(一)制定课程开发文件管理规范

制定课程开发文件管理规范的目的是对课程开发过程产生的有关文件进行有效的控制管理，确保文件规范，切合实际，为课程评价和改进服务。

文件管理的主要任务有：

1. 对课程文件进行分类和编号

课程文件一般应按以下四个类型划分：

①课程开发基础文件；

②教学指导文件；

③工作过程文件；

④其他文件。

2. 做好文书管理

文书管理管理工作包括文件保管、提供借阅、整理、归档等。

3. 编制《适用文件清单》

编制文件清单，为文件使用者和管理者提供方便。

4. 文件更改管理

文件需要更改时，应由课程开发负责人呈报学校课程主管部门，说明更改理由，批准后，方可进行更改。并对重要更改做出说明。

5. 作废文件管理

不再使用的课程文件，应予以作废处理，并在文件上加盖“作废”印章，填写“文件销毁清单”，由主管部门负责人批准后统一销毁。需作资料保留的作废文件，经主管领导批准后，加盖“作废留存”或“参考”印章后方可留用。

(二)课程开发文件的种类和要求

一门课程的课程文件分两大类，一类是直接为课程实施服务的文件，即教学指导文件；一类是课程开发的基础文件，两类文件应同时归档。

1. 教学指导文件种类和要求

(1)课程指南

课程指南是课程的知识要素、管理要素等方面的简要介绍。它有两个层次的文件，一种是出现在一个专业(或职业)全部课程开发完成之后，其主要内容是该专业(或职业)开设的全部课程的清单和课程简要介绍，称为专业学习(或职业学习)课程指南。另一种称为单科课程指南，其主要内容是对所开发的单科课程进行简要介绍，它应包含以下要素：课程名称、课程编号、先开课程、开课单位、周学时、总学时、学分、所属领域、内容简介、教师简介、教材、参考书。

“内容简介”包含课程的主要内容和教学方法；“教师简介”包含教师的职称(或学历)、主要任课经历(或代表性科研成果)；“教材”应注明作者、教材名、出版社、出版时间；“参考书”一般为该课程的重要参考资料，一门课程参考资料一般为3～8种。

(2)教师指南

教师指南是为使用相关教学计划的教师提供帮助，其典型特点是带有为学生使用而设计的计划和材料，一般包括以下内容：

①材料的概述：学习材料的种类，如课本、教学软件、教学录像等；

②学生学习目标；

③要点的详细描述；

④供讨论的问题；

⑤重要术语列表；

⑥评估学生的评价工具或一般建议；

⑦推荐的后续活动。

(3)课程标准

课程标准既是教师编制教学计划的主要依据，也是学生更好地理解教师对他们的期望，从而促进学习的文件，是课程文件的核心文件。课程标准一般包括前言、课程目标、课程内容、实施建议、学生学习评价五个组成部分，其样本详见第八章。

(4)课程计划

课程计划是详细规定课程实施内容的文件，它将课程内容按教学要求划分成若干个教学单元，并对每个单元的教学方法、手段、设施、环境等进行描述，是指导教师构建单元教学计划和学校领导者了解课程教学内容的第一手材料，其样本详见第八章。

(5)课时计划

课时计划是以书面形式展示教师计划要做的事情的文件，它详细描述了一个教师在短期内(几个学时)的教学目标与活动过程，它是教师在课堂上使用的教学文件。在必要的情况下，该文件还包括制定学生学习的文件，如课程学习指导页等，其样本详见第八章。

2. 课程基础文件

课程基础文件(资料)是指在课程开发过程中用来支持形成课程和课程实施的基础性文件。它的主要作用是：

①为新课程开发工作在多个方面提供事实依据和数据支持。如在国家政策、职业活动现状、人才市场需求状况、人们就业预期、行业发展前景等方面提供支持；

②在校内教学资源、校外教学内容的综合开发利用方面，为课程设置及其内容设计以及课程实施提供决策依据；

③为课程管理者的管理活动、课程使用者的教学活动提供重要的参考材料；

④为进一步的课程改善、改革提供技术支持。

根据课程开发工作程序及要求，课程基础文件主要包括以下几类：

①行业(企业)调研报告

行业(企业)调研报告综合反映了当前职业发展对人才的需求状况，体现了课程在职业人才培养过程中的地位和作用，并提供了人才需求的近期目标和长期预测结果，是学校领导者决策的重要依据。

②国家职业标准分析报告

国家职业标准分析报告是获取职业能力要求的主要途径之一，也是确定“双证书”课程内容的主要依据。通过对国家职业标准在工作要求、基本要求等方面的分析，可以获知国家对该职业从业者能力及素质的要求，以及该职业技术的前瞻发展，再与企业调研情况结合后，既可得到符合企业需求，又符合国家职业资格要求，且又具有一定前瞻性的课程学习目标，实现学校、企业、学生个人(可获得“双证书”)的多赢局面。

③实践专家研讨会总结报告

实践专家研讨会产生了课程开发的关键性文件——专业课程体系及课程设置方案。研讨会上各位实践专家关于职业(岗位)能力要求的分析、个人职业历程介绍等，是课程及其内容设计的基础性资料。课程目标、课程内容选择与排序、课程与教学评价的指导思想与原则等都孕育在会议过程之中，产生于会议内容之上。因此，实践专家研讨会是课程开发过程中最重要、最关键的一个环节。实践专家研讨会总结报告应全面总结、收集研讨会产生的各类文件材料，如会议议程、实践专家选拔标准以及其企业背景、会议记录、形成的结论性意见等。

④课程体系及课程目标设计报告

课程体系及课程目标设计报告的主要内容是对建立课程体系框架、确定课程数量和课程类型、确定每门课程的目标等项工作的说明。

课程体系框架是在分析行业(企业)调研报告、国家职业标准分析报告以及第一次实践专家研讨会得到的有关资料等基础上进行的；课程数量一般根据已确定的课程体系框架确定；课程类型根据课程内容特性的不同选定，一般有专业理论课程、理实一体化课程、实训课程、项目课程、专题课程等。

此外，该报告还应对所确定课程的内容进行必要的说明，为后续课程设计工作提供纲领性文件。

⑤课程设计报告

课程设计是在已经确定了专业课程体系和课程设置方案的基础上，对课程的学习目标及课程类型等进行的再设计，该环节构建了课程的整体框架。课程内容设计主要包括内容的选择、排序、组织等，其设计原则是教学人员理解课程目的、实施教学活动的重要依据，该报告的内容主要是对以上工作的指导思想、实施原则等的说明。

⑥课程资源开发利用报告

课程资源开发利用报告的内容主要是对现有教学资源的挖掘利用和预期教学资源的开发分析两项内容。职业教育资源特别是设备、仪器、场地是制约专业课程设计及其内容设计的重要因素。因此，教学资源的供给情况，就成为了课程开发需要考虑的一个重要问题，也是课程开发工作的一个重要环节。在该报告中，应在立足校内外现有可用教学资源的基础上，提出预期教学资源的开发建议，并提供可行性研究材料、工作步骤及实现目标的时间。

第三章
“双证书”课程开发关键技术

“双证书”课程的目标是使学习者在完成课程后，同时获得学历证书和职业资格证书。职业教育学历证书课程，在内容和结构上有自己的特点，它不但要反映劳动者的职业能力培养内容，同时还要根据人才培养目标和学生的认知规律，合理规划课程内容。而国家职业标准直接映射和调控的是劳动者的技能，考核的内容是劳动者能够完成的工作任务的内容和质量，并根据职业活动范围的宽窄、工作责任的大小和工作质量的高低，来确定职业技能等级，它与职业教育学历课程设计的指导思想有所不同。因此，“双证书”课程开发的关键技术在于，如何在课程中融入职业能力要求，如何将国家职业标准的要求转化为课程内容。

一、国家职业标准分析技术

分析国家职业标准编写的原则和制定背景，深刻理解其中工作要求项目对从业人员能力要求的内涵和实质，有利于“双证书”课程体系系统性、逻辑性、规范性的提高，使所开发课程的职业教育特色更加显著。

国家职业标准分析的根本目的是对其进行课程转化，实现这种转化的方法是对国家职业标准中的职业功能、工作内容、技能要求等进行全面的综合分析，然后将其内容按照一定的规则进行整理、分类、重新组合，使之在体系结构上满足专业课程开发的需要，并能够真正融入到课程中。

（一）国家职业标准分析的技术路线

1. 技术路线

国家职业标准是在职业分类的基础上，根据职业（工种）的活动内容，对从业人员工作能力水平的规范性要求。[7]它由职业概况、基本要求、工作要求和比重表四个部分组成，其中基本要求和工作要求是国家职业标准的核心内容，集中反映了职业活动的种类和各等级职业能力要求达到的水平。国家职业标准分析的技术路线详见图 3-1。

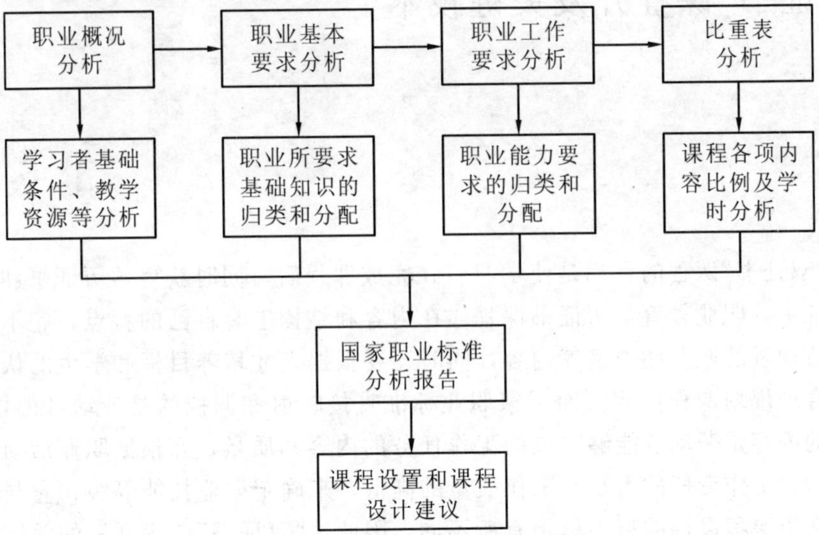

图 3-1　国家职业标准分析技术路线

2. 工作内容

国家职业标准分析的具体工作内容如表 3-1 所示。

(1)根据职业概况分析，确定学习者进入职业学习时所应具备的基本文化程度，确定教师的专业能力要求，确定教学场地、设备等教学资源的配置情况，并根据职业资格申报条件确定可以达到的职业资格等级培养目标。

(2)根据国家职业标准的“基本要求”分析，确定能力培养所需要的职业道德基本知识、基础理论知识、专业基础知识、安全文明生产与环境保护知识、质量管理知识以及相关法律、法规知识的基本内容和种类。

(3)通过国家职业标准的“工作要求”分析，构建课程内容的结构框架，确定课程项目和内容的深度和广度。

(4)通过对国家职业标准规定的各类知识、技能要求的比重分析，确定课程内容中各类知识、技能所占的比例，以及培养时间。

表 3-1 国家职业标准分析工作的内容

序号	程序	工作内容
1	职业概况分析	1. 确定学生进入职业学习时，应具备的基本文化程度 2. 确定教师的专业能力要求 3. 确定教学场地、设备等教学资源的配置情况 4. 确定达到的职业资格等级培养目标
2	职业基本要求分析	1. 确定基础理论知识的基本内容和种类 2. 确定专业知识的基本内容和种类 3. 确定职业道德基本知识的内容 4. 确定安全文明生产与环境保护知识的内容 5. 确定质量管理知识以及相关法律、法规知识的内容
3	职业工作要求分析	1. 确定课程内容的结构框架 2. 确定课程内容、项目 3. 确定课程内容的深度和广度
4	比重表分析	1. 确定课程中各类知识、技能所占的比例 2. 确定各项技能培养时间
5	建议	1. 归纳、整理各类知识要求和技能要求 2. 提出本职业培养课程设置方案 3. 提出所选取的知识和技能融入课程的具体建议

(二)国家职业标准的课程转化技术之一——工作岗位确定法

通过前期调研工作，在掌握了区域内企业专业岗位设置和岗位工作职责等信息的基础上，要开展对国家职业标准的分析。通常一个国家职业标准包含若干个工作岗位(工种)的职业能力要求，要结合专业人才培养目标，选择出与专业相关的岗位(工种)。国家职业标准中对各职业的能力要求，有两种表达方式：一是按照一个职业所要实现的活动目标划分职业能力要求，另一个是按照职业活动的主要方面(活动项目)划分职业能力要求。这两种表达方式与学历证书课程所要求的逻辑结构不尽相同，且在多数情况下与学生的认知规律也不相同，故在课程开发时必须对其予以整理、分类、重新组合。

开展这项工作的前提条件，即是将国家职业标准所包含的各个工作岗位解析处理，然后以此为基础，进行工作要求和技能要求的归类组合。

1. 工作岗位确定法的技术路线

如前所述，国家职业标准中的职业能力要求，并不是按岗位表达的，因此要确定国家职业标准中所包含的工作岗位种类和数量，就要根据行业(企业)中本职业工作岗位的实际设置情况综合考虑确定。

一个国家职业标准有时只对应一个工作岗位，有时又对应几个工作岗位；这些岗位不一定与本区域行业(企业)的需要完全一致，在制定人才培养方案时，要根据实际情况予以取舍。图 3-2 是在确定国家职业标准中包含工作岗位数量时使用的技术路线。该路线表明此项工作分两个层面进行：

①首先要从分析国家职业标准中的职业定义、职业功能项目的内容入手，查找该项国家职业标准中包含的职业工作岗位(工种)数量和种类；

②在此基础上，再从已查找出的职业工作岗位(工种)中，结合前期的企业岗位调研情况综合考虑，确定专业人才培养中的工作岗位。

2. 确定工作岗位的实例

《装配钳工》国家职业标准工作岗位分析

《装配钳工》职业定义为：操作机械设备或使用工装、工具，进行机械设备零件、组件或成品组合装配与调试的人员。由此可知，该职业包含的岗位(工种)有：

①产品部件装配岗位；

②产品总装配岗位；

③产品调试岗位；

④装配质量检验岗位。

结论：

根据前期调研情况，本区域内的行业(企业)中，大、中型企业均有以上四类岗位设置，且人员需求较多，故将以上四类岗位均选定为专业人才培养目标岗位。

(三)国家职业标准的课程转化技术之二 ——技能要求的归类和分配

职业资格证书和学历证书之间的实质联系是职业能力，反映在国家职业资格和职业教育课程中就是技能和知识。国家职业标准在工作要求项目中，明确规定了职业要求的技能和知识，这应当是课程内容的基本组成部分，是组成课程的基本元素，是课程与国家职业标准之间进行比较、转换的依据。

国家职业标准中，各岗位(工种)的职业能力要求是散布在各项工作内容的

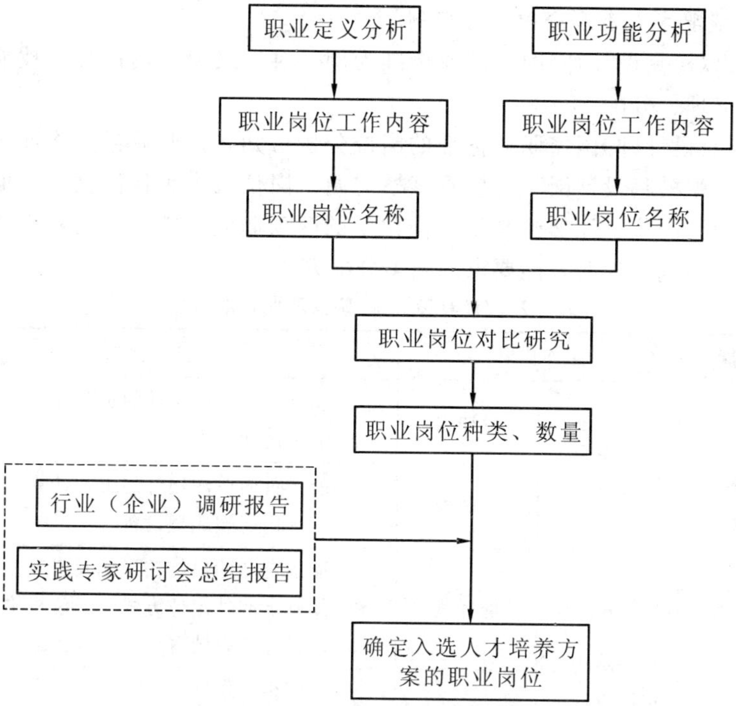

图 3-2 工作岗位确定的技术路线

技能要求中的，不是按岗位(工种)排列的，并且职业活动的内容有些是交叉的，也有一些是没有明确的界限的。因此，在分析清楚职业所含有的岗位(工种)的前提下，必须继续对各工作岗位(工种)职业能力、工作过程进行分析，以工作岗位为主线，对职业标准中的技能要求进行整理、归纳，合理分配给每一个岗位(工种)，为课程开发做好准备。

1. 技能要求归类工作的技术路线

此项工作的基本思路是：以实际工作岗位为主线，将国家职业标准的各项工作要求归纳整理到各自的工作岗位之下，然后根据本专业的人才培养需求，予以取舍。

技能要求归类工作的技术路线见图 3-3。国家职业标准的技能要求归类分析，首先要列出前一步分析工作所确定的具体工作岗位，然后对标准中所提出的技能要求进行分析，将同一岗位的技能要求归类到一起，然后分配到相应的工作岗位中去。

2. 技能要求归类和分配工作实例

下面以《模具设计师》国家职业标准为例，对三级模具设计师的技能要求进行归类、整理、分配。

从《模具设计师》国家职业标准的岗位分析可知，该职业包含冷冲压模具设计岗位、注塑模具设计岗位、模具试模与调试岗位三个工作岗位。下面仅以冷冲压模具设计岗位、注塑模具设计岗位中的两项职业功能——初步设计和模具零部件设计为例，说明技能要求的归类分配方法。

表 3-2 《模具设计师》国家职业标准节选

职业功能	工作内容		技能要求
二、初步设计	(一)工艺计算	冷冲模	1. 能进行简单冲压件的工艺计算 2. 能选用冲压设备
		注塑模	1. 能进行简单注塑件的工艺计算 2. 能选用注塑成型设备
	(二)结构布局设计	冷冲模	1. 能确定凸凹模结构形式及安装方法 2. 能确定制件定位方式、定位机构 3. 能设计卸料装置
		注塑模	1. 能确定分型面 2. 能设计浇注系统 3. 能设计直通式注塑模的冷却系统 4. 能设计简单推杆机构
三、模具零部件设计	(一)标准零件建立与选用		1. 能正确选择模具标准零件 2. 能建立模具标准零件三维模型
	(二)非标准零件设计		1. 能建立模具非标准量具的参数化模型 2. 能确定模具零件的材料与热处理要求 3. 能生成模具非标准零件二维工程图 4. 能进行模具零件的刚度、强度分析 5. 能进行模具零件的加工工艺分析

表 3-2 是《模具设计师》国家职业标准的节选，从表中可以看出，冷冲压模具设计岗位和注塑模具设计岗位的第二项职业功能的要求均为初步设计，其工作内容均为(一)工艺计算，(二)结构布局设计。但是，两个岗位的技能要求是单独列出的。而在第三项职业功能——模具零部件设计中，其工作内容和技能要求则是完全一致的。此时，对第三项职业功能——模具零部件设计的技能要求，必须按工作岗位进行归类整理，然后分配到不同课程中去。表 3-3 为归类

分配后的冷冲压模具设计岗位和注塑模具设计岗位的技能要求。

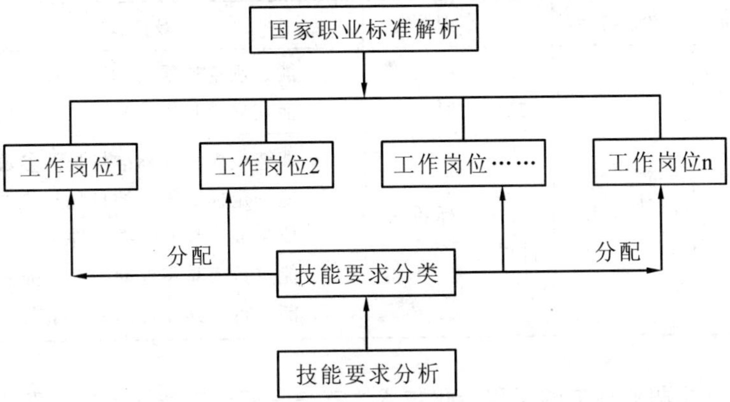

图 3-3 技能要求归类工作的技术路线

表 3-3 《模具设计师》职业归类后的部分岗位技能要求

工作岗位	职业功能	工作内容	技能要求
冷冲压模具设计	二、初步设计	（一）工艺计算	1. 能进行简单冲压件的工艺计算 2. 能选用冲压设备
		（二）结构布局设计	1. 能确定凸凹模结构形式及安装方法 2. 能确定制件定位方式、定位机构 3. 能设计卸料装置
	三、模具零部件设计	（一）标准零件建立与选用	1. 能正确选择模具标准零件 2. 能建立模具标准零件三维模型
		（二）非标准零件设计	1. 能建立模具非标准量具的参数化模型 2. 能确定模具零件的材料与热处理要求 3. 能生成模具非标准零件二维工程图 4. 能进行模具零件的刚度、强度分析 5. 能进行模具零件的加工工艺分析
注塑模具设计	二、初步设计	（一）工艺计算	1. 能进行简单注塑件的工艺计算 2. 能选用注塑成型设备
		（二）结构布局设计	1. 能确定分型面 2. 能设计浇注系统 3. 能设计直通式注塑模的冷却系统 4. 能设计简单推杆机构

续表

工作岗位	职业功能	工作内容	技能要求
注塑模具设计	三、模具零部件设计	(一)标准零件建立与选用	1. 能正确选择模具标准零件 2. 能建立模具标准零件三维模型
		(二)非标准零件设计	1. 能建立模具非标准量具的参数化模型 2. 能确定模具零件的材料与热处理要求 3. 能生成模具非标准零件二维工程图 4. 能进行模具零件的刚度、强度分析 5. 能进行模具零件的加工工艺分析

(四)国家职业标准的课程转化技术之三——职业工作任务的萃取与设计

国家职业标准分析工作的最后成果是萃取出课程所需要的内容和职业工作任务。职业工作任务是职业活动的具体化体现，也是课程设计的基本单元，它既是职业技能要求得以实现的载体，同时也承载了从业人员基本知识和基本素质等培养的任务。

1. 职业工作任务萃取的技术路线

职业工作任务的萃取过程是：

职业技能要求研究──→提出职业工作任务项目──→检验工作任务的合理性、可行性──→确定课程化职业工作任务，具体技术路线如图 3-4 所示。

2. 根据职业功能表达方式类型设计课程化职业工作任务的方法

职业工作任务的萃取和设计，要结合国家职业标准中对职业功能的不同表述方式进行。根据国家职业标准的编写方法，其职业功能的划分根据职业活动的特点，有按工作内容的类型划分和按工作程序划分两种方法。

(1)按工作内容的类型划分的职业功能

以《计算机操作员》国家职业标准为例，其职业功能按照工作项目划分为四个：

①微机系统基本操作；

②文字信息处理；

③图形图像处理；

④因特网操作。

这种划分方法的特点是工作内容的专业性较强，每一个职业功能可以单独成为职业工作任务。但是，在实际工作中，有许多工作任务是综合性的，不是

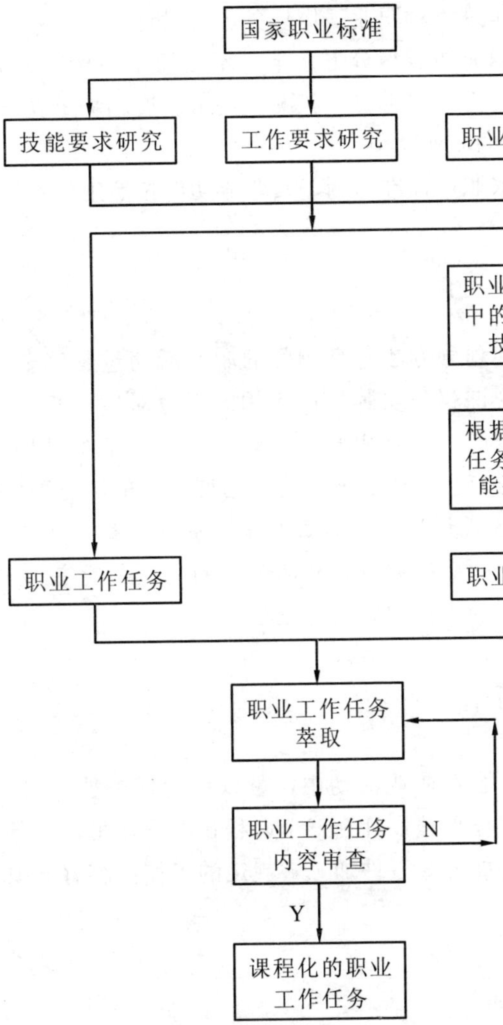

图 3-4 职业工作任务萃取的技术路线

掌握某一项单项技能就可以完成的，需要四个职业功能中多项技能的综合使用，在这个过程中必然发生知识的迁移，此时设计课程化的职业工作任务时，就要充分考虑以下问题：

①所设计的职业工作任务，是否对应专业人才培养目标的要求；

②所设计的职业工作任务，是否是真实职业活动中常见的；

③所设计的职业工作任务，产生的学习成果是否有利于学习者在真实的职业工作中应用；

④能否根据职业工作过程对职业工作任务进行设计。

由此可见，在该种职业功能划分方法下，不能简单照搬国家职业标准中的工作任务，而要根据社会需求、学习者状况、技术发展趋势重新设计工作任务。

(2)按工作过程划分的职业功能

以《中式烹调师》国家职业标准为例，其职业功能按照工作程序划分为三个：

①烹饪原料初加工；

②烹饪原料切配；

③菜肴制作。

显然，这种职业功能划分方法与烹调师的职业活动过程完全一致，用此作为课程学习项目可以实现课程与实际生产应用的无缝对接，使学生在学习过程中，不但能够掌握职业技能，而且能够清楚地知道该技能在职业活动中的应用场合和时机。此时，即可直接选用职业功能作为课程化的职业工作任务。

3. 根据工作内容要求设计课程化职业工作任务的方法

以《数控车工》国家职业标准为例，在高级工的职业功能之一——数控车床维护与精度检验中，规定的工作内容共有三项：

①数控车床日常维护；

②数控车床故障诊断；

③机床精度检验。

考虑到这三项工作内容在职业活动中，可以作为三个独立的工作任务分别进行，因此可将这三项工作单独设计为三个课程化的职业工作任务。

再如，另一个职业功能——零件加工，规定的工作内容有五项：

①轮廓加工；

②螺纹加工；

③孔加工；

④配合件加工；

⑤零件精度检验。

这五项工作内容如果单独设置为五个课程化职业工作任务，对课程效率和教学成本都有不利的影响，而且在真实职业活动中，这五项工作任务中多数项目是合并在一起进行的。此时，就不适合将每一个单项工作内容设计为一个工作任务，而要对其进行合并、整理。例如，可将轮廓加工、螺纹加工、孔加工三项工作内容合并在一个课程化职业工作任务中；配合件加工单独设计为一个课程化职业工作任务；零件精度检验的工作内容，根据加工表面形状的不同、精度要求不同等，分别融入到各个职业工作任务中。

4. 根据技能要求设计课程化职业工作任务的方法

技能要求是国家职业标准中最具体的能力要求。有时一项技能要求可以成为一项课程化职业工作任务，有时一项技能要求可以成为多项课程化职业工作任务，有时也会出现几项技能要求组成一项课程化工作任务的情况。

如在《数控车工》国家职业标准对高级工轮廓加工规定的工作内容中(第三项职业功能——零件加工中的一项)，提出的技能要求为一项：能进行细长、薄壁零件加工，并达到以下要求：

①轴径公差等级：IT6；

②孔径公差等级：IT7；

③形位公差等级：IT8；

④表面粗糙度：Ra1.6μm。

根据企业生产实际情况，该技能要求应设计为细长轴类零件加工和薄壁套类零件加工两个课程化工作任务。

再如，刀具准备工作内容(第一项职业功能一中的一项)，提出的技能要求有三项：

①能选择各种刀具及刀具附件；

②能根据加工材料的特点，选择刀具的材料、结构和几何参数；

③能刃磨特殊车削刀具。

该技能虽然可以作为一个单独的工作任务，但是根据数控车工职业工作的特点，刀具准备工作通常是在具体的零件加工的工作任务中完成的，因此以将其融入到其他职业工作任务之中为佳。

(五)国家职业标准的课程转化技术之四——基本要求融入课程的方法

国家职业标准的基本要求，规定了从业人员的职业道德和职业工作所需要的基本知识。职业道德是从事职业工作应具备的基本观念、意志、品质和行为的要求；基础知识包括本职业各等级从业人员，都必须掌握的通用基础理论知识和从事职业工作所需的专业基础知识；此外基本要求还包括相关法律、法规知识、安全卫生知识、环境保护知识等。这些知识的拥有状况，通常体现在职业态度、职业行为、创新能力等方面。

当前，职业工作的基础理论知识融入课程之中，在职业工作中学习掌握基础理论知识，培养职业道德和职业素养的思想，已为大多数职业教育工作者所接受，成为了一种共识。因此，一般情况下，职业的基础知识要求和其他一些有关职业素质以及人自身素养的学习等内容，不宜单独设置为课程或职业工作任务，而应融入其他课程或职业工作任务之中进行学习。具体方法是：

①当一项职业功能或一项工作内容或一项技能要求单独设计为一个课程化职业工作任务时，该职业功能所对应的相关知识直接归属到其中。

②当以上项目需拆解为多个课程化职业工作任务，或合并为一个课程化职业工作任务时，它们所对应的相关知识要根据工作任务的技术特征和培养要求，分别归属到各自对应的工作任务中。

(六)工作任务审查

为确保所设计的课程化职业工作任务与专业人才培养目标一致，既充分体现职业能力要求，又充分体现职业教育要求，同时又符合人本化的思想，要对已设计完成的课程化职业工作任务进行审查。

1. 知识、技能包容性审查

知识、技能包容性审查主要是针对单个课程化职业工作任务而言的。

①单个课程化职业工作任务，所包含的知识和技能应能满足完成职业领域中一项完整职业活动的需要。

②一个课程化职业工作任务所包容的知识点和技能点的数量不能过多或过少。"过多"会使短期内学习内容膨胀，易造成学习效果的"消化不良"；"过少"不足以体现职业活动的复杂性，易使学生对职业能力要求在认识上产生误区。

2. 知识、技能层次性及梯度审查

各个课程化职业工作任务在纵向上要做到知识水平由浅入深，技能要求由低到高，形成知识、技能的层次性梯度。在横向上，职业活动的范围要由窄变宽，前一个工作任务既要为下一个任务的学习奠定基础，又要为其的引出铺平道路。

同时，要让学习者认识到岗位(工种)能力要求的关联性，进而认识到职业活动的相关性，提高职业素质培养意识。

3. 可行性审查

影响课程化职业工作任务实施的因素有"人"和"物"。"人"即教师和学习者，他们是主要的课程实施者，要在教学情境中共同合作完成课程内容。因此，要认真评估教师的能力水平以及对待工作任务的态度等，以保证他们乐意接受、能够正确实施该任务；要认真评估学习者的认知水平、学习态度、学习进度等，并评估工作任务是否充分考虑这些差异的存在，是否有可调节的弹性等。

“物”指教学设施、教材等物质条件，是课程化职业工作任务实施的物质基础。“双证书”课程的特点是实践性强，教学实施多在体现工作情境的场所进行，并常常采用分组教学的组织方式。因此，对教学设备、场地有较高要求，要充分考虑这些条件与工作任务的匹配性。

二、“双证书”课程学习情境设计技术

学习情境设计源自美国加利福尼亚大学伯克利分校的让·莱夫(Jean Lave)教授和独立研究者爱丁纳·温格(Etienne Wenger)在20世纪90年代提出的情境学习方式。情境学习理论注重知识在社会实践中的应用，简单地说，情境学习就是指在知识、技能的应用情境中进行学习的方式，其核心思想是知识“在哪里用，就在哪里学”，创设学习情境的目的是为了帮助学习者更有效地学习知识。因此，这一“学与用相融合”的教育方式，十分适合“双证书”教育课程。

(一)学习情境设计的基本要素

情境学习理论是研究人类知识如何在活动过程中发展的一种学习理论。它认为知识不是一件事情或一组表征，也不是事实和规则的云集，知识是一种动态的建构与组织；知识还是人类协调一系列行为的能力，去适应动态变化发展的环境的能力；知识是基于社会情境的一种活动，是个体与环境交互作用过程中建构的一种交互状态。因此，情境学习不仅仅是一种使教学必须“情境化”或“与情境密切相关”的建议，学习情境的设计也不能仅仅在现有知识定位和理论体系的基础上进行，必须对以下几个方面的问题进行重新认识和定义，在思想观念上进行调整。

1. 知识的重新定位设计

采用情境认知学习理论开发“双证书”课程时，要对知识在两个层面进行新的定位和假设：

①知识不是抽象的，而是一种高度基于情境的实践活动，是情境性的社会实践，是一种人类协调一系列行为、去适应动态变化发展的环境的能力。

②要从一个更宽泛的视野中去理解“知识的产生”，即知识是作为活动、情境以及文化的副产品出现的，知识的产生不仅仅是一种“建构”和“互动”，还是一种文化适应。

2. 学习迁移情境的设计

(1)学习情境、应用情境和社会情境三种复合设计

知识的建构不仅仅局限于学习环境中，它也在特定目标的应用情境中建构，学习迁移是在真实、复杂的情境中产生的，具有很强的生成性和延续性。知识的迁移的路线不可能是从一个“学习情境”到另一个“应用情境”；个体知识能否迁移取决于个体与社会情境之间的互动。

(2)辅助学习情境的设计

个体的学习与发展是与其所在共同体的发展密切联系的，学习发展规律是：实践共同体中要不断有新的人员加入，学习从做外围工作开始，在“做”中学习知识，随着技能的增长，才能做重要的工作，进入圈子的核心。因此，学习情境设计不但要考虑知识学习“情境”的设计，也要做好辅助学习“情境”的设计。

(3)素质能力迁移环境设计

要关注日常生活实践和互动、协商在迁移中的重要作用，从更开放的层面上，关注“情境”的生态学意义，充分考虑不同学习者智商、情商的差异，个体能力倾向的差异等，设计与此相适应的素质能力迁移环境，帮助学习者提高学习效率和效果。

3. 实践共同体构建

实践共同体指的是学习的一种生态型环境或情境，实践共同体中有多种要素：学习个体、目标、课程、工具及资源、规则、学习活动分工以及学习的环境或情境等。“学习个体”与环境、实践共同体是学习情境设计与开发的关键要素。这是因为学习是一个社会性的过程，知识在这个过程中是由大家共同建构的；学习总是处于一个特定的情境中，渗透在特定的社会和自然环境中。因此，“个体”和“环境”都是同一个学习系统中的要素，两者共同构成一个学习的生态系统。“双证书”课程的学习情境设计要体现出实践共同体的构成情况。

(二)学习情境设计与开发标准

一个好的情境学习课程一般有如下特征：

①有利于学习者从整体上把握问题依存的情境，并有利于学习者牢固地掌握知识应用的条件及其变式；

②应该使学习者能够清晰地感知所学知识的应用范围和条件，能够解决什么类型的问题；

③能够使课堂教学更接近现实生活，使学习者如临其境，如见其人，如闻其声，加强感知，突出体验。

根据以上特征，学习情境设计应达到下列标准：

1. 真实性标准

真实性标准是指所创设的情境，一定要真实或接近真实，在生产实践或现实生活中能找到。“双证书”教育课程情境创设的真实性与职业性紧密相联，真实的职业工作情境即是课程内容的应用场景。在此情况下，学习模式由抽象方式回归到现实应用，使职业教育真正实现由科学世界向生活世界的回归。依据不同的学习内容和知识特征，真实学习情境的创设可以采用不同的方式，如根据日常生活情境和经验创设情境，根据企业生产实际状态创设情境，根据社会热点问题创设情境等。

2. 层次性标准

学习活动是一个从简单到复杂、由易到难循序渐进的过程，教学中教学情境的创设不能脱离学生的实际经验和认知。因此，学习情境设置要有层次、有梯度，并且情境中的相关问题要有良好的衔接与过渡。例如，在钳工装配技术学习单元，可以将一级齿轮变速箱作为初始教学情境，然后逐步提高所装配产品的复杂程度和装配精度要求，形成一个循序渐进的、层次分明的学习通道。

3. 形象性标准

情境创设的形象性要求，是要解决学生学习过程中形象思维与抽象思维、感性认识与理性认识的联系与转化问题。因此，所创设的学习情境首先应该是感性的、可见的，能有效地丰富学生的感性认识，并促进感性认识向理性认识的转化和升化；其次应该是形象的、具体的，能有效地刺激和激发学生的想象和联想，使学生能够超越个人狭隘的经验范围和时间、空间的限制，获得更多的知识，掌握更多的事物，并促使学生形象思维与抽象思维的互动发展。

4. 激发性标准

有价值的学习情境一定是内含问题的情境，并且这些问题能够有效地引发学生的思考，学习情境中的问题要体现出新颖性和适应性。新颖性是指问题的设计和表述具有奇特性和生动性，问题有真正吸引学习者的力量；适应性是指问题的难易程度要适合全体学习者的智力水平和素质能力水平，能够保证大多数学习者在学习过程中都处于思维状态，并且不会因为问题过于深奥或过于简单失去探索的兴趣。并以此为基础，激发学习者的学习欲望，使他们心里形成一种悬而未决但又必须解决的求知状态，促使其产生问题意识。

5. 匹配性标准

学习情境创设要体现工作领域特色，紧扣职业工作任务要求，营造出知识和技术与职业活动相匹配的氛围，充分体现出知识和技术对人生的价值，激发学习者学习的动力和热情，不能简单地照搬职业工作的实际环境作为学习情境。由此可知，学习情境的创设应在实际工作环境的基础上，重新设计出与学习任务有紧密联系的学习情境，使知识和技术与职业活动相匹配。例如，汽车维修专业的发动机故障维修项目教学，要将各种典型故障现场作为学习情境，让学生学会故障排除技术和工作流程要求，而不能把教学情境设置为一个汽车维修车间。

(三)学习情境设计实例

学习情境有多种形式。可以是真实的，也可以是虚拟的；可以是基于课堂功能性的，也可以是基于社会的、自然的、日常生活的；可以是计算机软件创设的复杂情境，也可以是通过实施故事讲述、学生参与扮演戏剧角色、教师绘制图画等简单的情境；可以是观念的、想象的、情意的、问题的，也可以是物理的。

根据学习内容和目标的不同，职业教育课程的情境设计，可以结合使用前述的各种学习情境。如理论教学课程，可以采用观念的、想象的、问题的、绘制图画、计算机软件创设等学习情境；实训课程可以采用真实的学习情境等。下面以理论实践一体化课程为例，详细说明学习情境设计的过程和技术。

1. 课程学习情境设计范例一

理论实践一体化课程学习情境的主要类型，概括起来大概有三类：真实学习情境、问题学习情境、虚拟学习情境。在问题情境的创设中，还有导入式问题情境的创设、阶段式问题情境的创设、总结式问题情境的创设、虚拟问题情境的创设等。表 3-4 是《商用中央空调运行与维护》课程学习情境设计文件。

表 3-4 学习情境设计文件(一)

专业	楼宇自动化	课程名称	商用中央空调运行与维护
项目×	风机的运行维护	学时	××
学习任务及目标			
1. 能够完成风机的停机检查与维护保养工作； 2. 能够完成风机的运行检查工作； 3. 能够完成风机的运行调节工作； 4. 能够完成风机的常见故障原因分析和处理工作。			

续表

<table>
<tr><td>专业</td><td>楼宇自动化</td><td>课程名称</td><td>商用中央空调运行与维护</td></tr>
<tr><td>项目×</td><td>风机的运行维护</td><td>学时</td><td>××</td></tr>
<tr><td colspan="4">学习情境</td></tr>
<tr><td colspan="4">(一)导入式问题情境
1. 风机的停机检查与维护保养工作要点；
2. 掌握风机运行检查的工作要领；
3. 虚拟问题情境的创设；
4. 风机常见故障的产生原因和解决方法。
(二)真实生产情境(情境背景)
1. ××××单位风机运行现场，正常运行风机××台，停机检修风机××台；
2. 检查记录表单等文件资料；
3. 检修风机使用的工具、仪器仪表等；
4. 以企业的风机运行维护部门(小组)的组织形式为依据建构的教学组织形式。具体为：
(1)设置空调主管1名，负责组织协调全面工作，主持分配任务；
(2)全班分为×个小组，各设组长1名，承担空调运行班(组)长职责，负责决策具体技术方案，分配各小组成员工作任务。
(三)总结式问题情境
1. 风机运行检查工作流程和主要技能；
2. 风机停机检查工作流程和主要技能；
3. 风机维护保养的工作流程和主要技能；
4. 突发故障处理流程。</td></tr>
<tr><td colspan="4">教学流程</td></tr>
<tr><td colspan="4">下达工作任务——→提供必要的学习资料——→分组讨论，查阅资料，制定工作方案——→学生实施工作——→检查工作成果——→提交工作记录单——→反馈评价，总结经验
教师的任务：
1. 引导学习过程按教学目标运行；
2. 在各环节为学习者提供学习指导。</td></tr>
<tr><td colspan="4">设备工具</td></tr>
<tr><td colspan="4">温度测量仪器、拆卸工具等</td></tr>
</table>

学习情境设计评述：

该学习情境设计采用了真实情境、虚拟情境、问题情境三种学习情境的复合应用形式，整个学习过程采用问题情境进行串联，达到了实现教学目标的目的。具体设计思路为：

(1)真实情境设计为：某单位风机运行现场和停机待检修工作现场。

(2)虚拟情境设计为：风机运行常见故障的发生。

(3)问题情境设计为：导入式问题情境；虚拟问题情境；总结式问题情境。

实践共同体设计为以下内容：

①学习目标

◆能够完成风机的停机检查与维护保养工作；

◆能够完成风机的运行检查工作；

◆能够完成风机的运行调节工作；

◆能够完成风机的常见故障原因分析和处理工作。

②工具、设备资源

◆正常运行风机××台，停机检修风机××台；

◆使用的工具、仪器仪表等。

③技术资料资源

◆检查记录表单等文件资料。

④学习活动分工

以企业的风机运行维护部门(小组)的组织形式为依据建构教学组织形式。具体为：

◆设置空调主管1名，负责组织协调全面工作，主持分配任务；

◆全班分为×个小组，各设组长1名，承担空调运行班(组)长职责，负责具体技术方案决策，分配小组成员工作任务等。

2. 课程学习情境设计范例二

表3-5是《汽车发动机故障诊断与排除》课程学习情境设计文件。

表3-5 学习情境设计文件(二)

专业	汽车修理专业	课程名称	汽车发动机故障诊断与排除
项目×	发动机怠速不稳的检修	学时	××
学习任务及目标			
1. 完成怠速控制装置的检修工作； 2. 完成进气温度传感器的检修工作； 3. 完成空气流量计的检修工作； 4. 完成进气压力传感器的检修工作； 5. 完成车辆维修工作流程及各种工单的填写。			

续表

<table>
<tr><td>专业</td><td>汽车修理专业</td><td>课程名称</td><td>汽车发动机故障诊断与排除</td></tr>
<tr><td>项目×</td><td>发动机怠速不稳的检修</td><td>学时</td><td>××</td></tr>
<tr><td colspan="4">学习情境</td></tr>
<tr><td colspan="4">(一)导入式问题情境
1. 怠速控制装置、进气温度传感器、空气流量计、进气压力传感器基本工作原理和检修要点；
2. 发动机怠速控制装置、进气温度传感器、空气流量计、进气压力传感器的性能参数；
3. 修理工具、仪器仪表选择。如选择合适的故障读码器、万用表和示波器及拆装工具等。
(二)真实生产情境
1. 由于发动机怠速不稳引起的故障汽车××台；
2. 车辆维修资料、维修工单、任务工单等文件资料；
3. 检修使用的工具、仪器仪表等；
4. 以汽车修理的工作组织形式为依据建构的教学组织形式。具体为：
(1)设置修理工作主管1名，负责组织协调全面工作，主持分配任务；
(2)全班分为×个小组，各设组长1名，承担修理班(组)长职责，负责具体修理方案决策，分配小组成员工作任务等。
(三)总结式问题情境
(1)引起发动机怠速不稳的常见原因；
(2)发动机怠速不稳故障诊断的方法；
(3)检修用仪器仪表的型号和使用方法等。</td></tr>
<tr><td colspan="4">教学流程</td></tr>
<tr><td colspan="4">下达工作任务──→提供必要的学习资料──→分组讨论，查阅资料，制定工作方案──→学生实施工作──→检查工作成果──→提交工作记录单──→反馈评价，总结经验
教师的任务：
1. 引导学习过程按教学目标运行；
2. 在各环节为学习者提供学习指导。</td></tr>
<tr><td colspan="4">设备工具</td></tr>
<tr><td colspan="4">××型号发动机××部；××型号解码器××台；万用表××只；汽车专用示波器××台；各种型号扳手××套；套管××套；钳子××把。</td></tr>
</table>

学习情境设计评述：

该学习情境设计采用了真实情境、问题情境两种学习情境的复合应用，整个学习过程采用问题情境进行串联，达到实现教学目标的目的。具体设计思路为：

真实情境设计为：发动机怠速不稳引起的故障汽车。

问题情境设计为：导入式问题情境；总结式问题情境。

实践共同体的设计为以下内容：

①学习目标

◆完成怠速控制装置的检修工作；

◆完成进气温度传感器的检修工作；

◆完成空气流量计的检修工作；

◆完成进气压力传感器的检修工作；

◆完成车辆维修工作流程及各种工单的填写。

②工具、设备资源

◆由于发动机怠速不稳引起的故障汽车××台；

◆使用的工具、仪器仪表等。

③技术资料资源

◆车辆维修资料、维修工单、任务工单等文件资料。

④学习活动分工

以汽车修理的工作组织形式为依据建构的教学组织形式。具体为：

◆设置修理工作主管1名，负责组织协调全面工作，主持分配任务；

◆全班分为×个小组，各设组长1名，承担修理班(组)长职责，负责具体修理方案决策，分配小组成员工作任务等。

第四章
“双证书”课程设计

社会进步和科学技术的发展，需要有更多的能够使用复杂技术进行服务改进、提高产品质量、促进生产力发展的专业人才和技术人员，越来越多的工作需要从业人员具有创造性工作的能力。传统的职业教育课程模式和教育方法已经不能适应这种变化的需要，因此应该创造新的课程模式和教学设计方法，使职业教育的学习效果更好，效率更高，达到引发成功学习的目的。

一、“双证书”课程类型

职业工作能力的多元性决定了“双证书”课程类型的多样性。如以操作性技能为主要内容的课程，应以实践性类型的课程为主要形式；以心智型、技巧型为主要内容的课程，应以理论实践融合性类型的课程为主要形式。在课程设计实践中，从不同的角度，可以将课程设计分为多种类型。如以课程所包含知识范围的宽窄可分为专题课程设计、融合课程设计、广域课程设计；以课程知识的载体类型可分为项目课程、任务课程、学科式课程；以课程实践性来分，可分为生产实践课程(顶岗实习)、实训课程、实验课程、理实一体化课程、理论课程等。根据“双证书”课程的特点，应采用多种课程设计类型来共同构建课程体系。

(一)以知识范围广度为特征的课程类型

1. 融合课程设计特点

融合课程设计是将两门或更多的学科课程进行融合，在此基础上产生新的课程。[8]其特点是融合后的课程不是源学科课程的叠加，而是使课程间形成了一种独特的新关系，产生了一种新的内容领域，使源学科课程的综合信息优势凸显出来。融合课程设计既可在同一学科领域的课程间应用，也可在不同学科领域的课程间应用。例如，旅游专业的世界地理课程，由同一学科的亚洲地理、欧洲地理、非洲地理、美洲地理等融合而成；而生物制造课程是由医学和制造技术等不同学科领域课程融合而成，如图 4-1 所示。

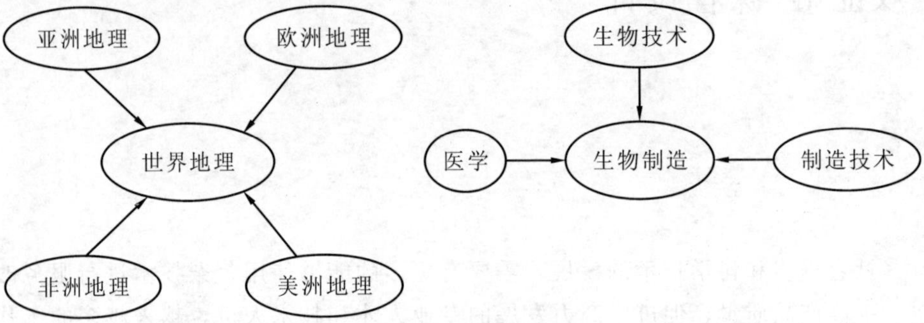

图 4-1　融合课程设计

2. 广域课程设计

广域课程设计是融合课程设计的高度扩展形式。它追求一种新的整体和简约的知识分支，这个新的知识分支的单个部分被一种新的称为“广域”的课程所替代[9]。广域课程设计能够避免课程的分离，帮助学生将现实看作是一个整体，并且可以从许多学科领域汲取内容，因此完成课程学习后，易形成知识的综合应用能力。如，由行业知识、心理学、社会学等学科知识融合可以形成一个新的知识分支——职业素质课程(图 4-2(a))。再如，铣削加工课程，它由机械加工工艺、工装设计与应用、机械制图、公差与技术测量、机床调试与维修、铣床操作等课程采用广域课程设计方法形成(图 4-2(b))。

3. 专题课程设计

综合职业能力和创造性工作能力的具体体现是运用知识解决问题，在这方面专题课程设计是最佳的选择。专题课程设计非常灵活，它可以从众多资源中汲取所需的内容，如来自于传统学科，来自于其他非正规渠道的信息等，它能随着条件和学生兴趣的改变，围绕所需主题迅速组织教学，如“西式晚礼服设计”、“Excel 表格的应用”、“投资入门”、“细长轴加工”等专题。

专题课程设计具有显著的知识系统化效果和知识综合运用要求，它能把职业工作中的某类或某一方面的问题，按照由简到繁、由易到难的顺序排列起来，以实际工作任务的形式呈现出来，学习者在完成工作任务的过程中，通过学习各种问题的解决方法，使专业知识运用能力和解决问题的能力得到提高。专题课程设计特别适宜于需要进行深入性探讨和学习的课程内容。

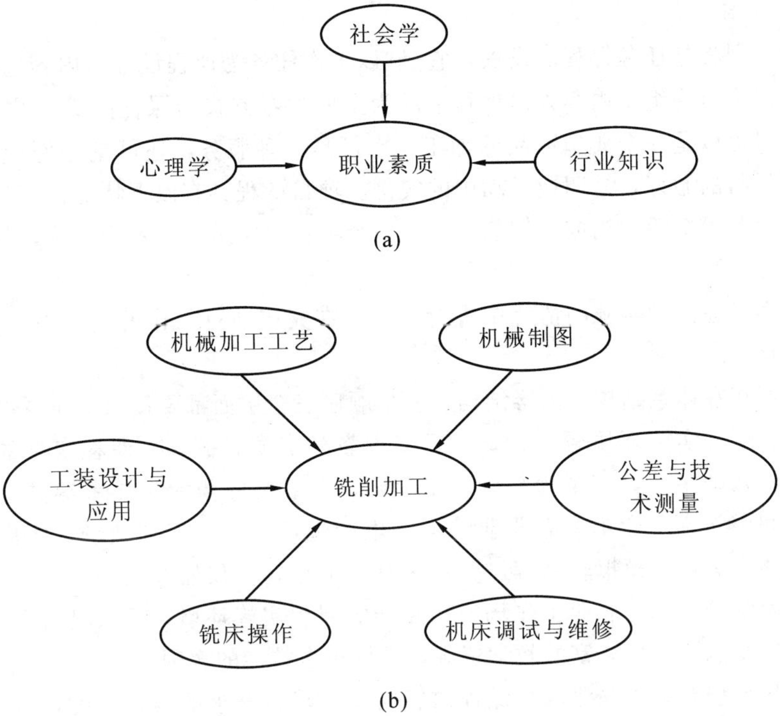

图 4-2 广域课程设计

(二)以知识载体类型为特征的课程类型

1. 任务课程

任务课程是以工作任务为中心，组织知识和技能学习的课程。任务课程中的工作任务与职业活动中的工作任务含义不同，是指经过抽象和概括后所获得的形式化的过程。[10]任务课程的出现打破了学科式课程一统天下的局面，使职业教育课程在内容选择与设计方面有了比较符合职业活动特点的逻辑体系，拉近了职业教育课程与真实职业工作的距离。但是，在生产实践中，由于职业工作的复杂性，直接找到适合专业教学的工作任务的可能性很小，因此用于任务课程教学的工作任务，一般都是通过对具体职业活动的梳理和规整得到的。在梳理和规整的过程中，工作任务已经从原来具体的、明确的形态，变成了概括的、有一定抽象性的形态，以此为基础的课程内容设计，不能完全体现真实职业活动的特征，不能完全体现专业技术知识在职业活动中的迁移情况，也就不利于学生建立与职业工作任务相联系的知识结构。

2. 项目课程

项目课程是任务课程的发展，它是“以工作任务为课程设置与内容选择的参照点，以项目为组织内容并以项目活动为主要学习方式的课程模式。”[11]项目课程的项目可以是一个典型产品的加工，也可是一种服务，还可是一份计划或一份调研材料的制订，是职业活动中的实例。项目课程具有以下特征：

①由若干个活动构成。例如，完成一个项目应经历的一系列过程，如步骤、时间、经费预算等。

②学生在活动实施的情境中进行学习，在完成项目工作的过程中，实现知识的迁移。

③课程在体系结构、内容结构、教学顺序三个层面都要按照工作逻辑设计。

项目课程实施环境较复杂，涉及多种教学资源。例如，课程实施的主体，由单一的教师主体，变革为教师、工程师、有经验的职业工作者等共同实施；教学空间由教室，变革为有职业情境的生产现场、实习实训现场、实验室等；教学媒体由黑板、模拟软件等，变革为真实的设备、仪器及其他生产资料；学习环境由学校变革为职业工作场所。复杂的课程实施环境，要求具有更高水平的教学组织能力，更丰富的教学资源，掌握更多技能的教师。

项目课程有利于职业教育课程内容与岗位能力需求的紧密匹配，有利于促进职业教育课程内容的完整性，有利于学生把所学的课程内容与工作任务紧密联系起来，有利于学生建构技术知识的完整意义，有利于提高学生的学习兴趣，有效地促进技术实践能力的形成。

(三)以课程实践性强弱为特征的课程类型

1. 生产实践课程(顶岗实习)

生产实践课程(顶岗实习)是职业技术教育人才培养过程中一个极其重要的实践性教学环节，它是学校安排在校学生在企业实践的一种方式。与其他实习、实训类课程不同，顶岗实习最大的特点在于：

①参加顶岗实习的学生具有双重身份，既是一名学生又是企业岗位的一名员工，他们要完全按照职业工作规范要求，掌握工作岗位的具体工作方法，达到能独立完成岗位实际工作任务的能力水平。

②学生要完全履行所在实习岗位的全部职责，独立承担岗位的全部工作任务，并要通过企业的考核。

顶岗实习的目的是使学生进入社会，了解社会，接触生产实际，获得本专业生产技术和管理知识；培养学生分析问题、解决问题的独立工作能力和与人合作的团队精神，提高学生的职业能力和综合素质。顶岗实习一般安排在学生学完教学计划规定的全部课程之后进行，实习时间至少半年以上。

2. 实训课程

与实习不同，实训课程是指在特定场所下(实训基地或实训中心)，有计划、有目的地进行的学习训练，直接目的是锻炼学生的技术、技能应用能力。实训课程是职业课程体系的重要组成部分，是技术应用性专才培养必不可少的环节。从形式上，实训课程可分为技能鉴定达标实训和岗位素质达标实训两种；从内容上，实训课程可分操作技能实训和心智技能实训等。实训教学的实施需要一定的硬件条件和软件条件的支持，如教师要达到“双师型”要求；实训基地建设、课程建设等要达到一定标准；学生的知识、技能、态度、心理等方面的水平和状态，要适应实训教学要求，学校、班级的氛围要适合实训课程的实施等。

3. 理实一体化课程

理实一体化课程以理论与实践相结合为课程设计的切入点，以理论服务于实践为设计目的，以“做中学，学中做”的方式为学习模式。课程把学生的认识活动与实践活动直接联系起来，一个完整的理实一体化课程，即是一个完整的认知过程，是人们认知活动的综合反映，体现了“把理性的认识再回到社会实践中去，应用理论于实践”[12]的认知规律，实现了从理论认识到实践的飞跃。

理实一体化课程是培养学生职业工作能力的重要方法和途径，突出优势表现在：

①能将某一课题的理论知识和实际技能结合起来；

②学生有独立计划工作的机会，并在一定的范围内独立进行组织，安排自己学习的范围；

③具有一定的难度，不仅注重已有知识和技能的应用，还要求学生运用新学的知识和技能，解决过去从未遇到过的实际问题；

④有明确具体的成果展示。

二、“双证书”课程设计

课程设计的主要任务有两个。一是提供能使学生获取知识的、难度最小化的课程结构，二是确保课程内容信息的适切性和准确性[13]。一个好的课程设计应在课程的范围、内容的顺序、连续性、衔接性等方面进行综合考虑。

(一)“双证书”课程目标价值取向设计

“双证书”课程目标是指“双证书”课程本身要实现的具体要求，它服务于专业人才培养目标，是课程设计的起点。“双证书”课程对人才能力的培养要求，包括基本职业能力和关键能力培养要求，这些能力要求具体体现为：

①为完成职业工作任务所必需的基本知识和基本技能，如设备操作能力等；

②从事职业活动必备的能力，如分析问题、解决问题的能力等；

③职业发展和终身教育所必备的能力，如学习能力、创造性工作能力等。

课程目标设计，可以从以下几个方面进行。

1. 课程的行为目标设计

美国课程论专家舒伯特（W. H. Schuhert）提出，课程目标有普遍性目标、行为目标、生成性目标和表现性目标四种价值取向。课程目标中的行为目标是指用具体的、可操作的形式表达出来的课程与教学目标，因此它是“双证书”课程目标的基本价值取向。课程的行为目标适用于对外显目标的表达，该目标编制的突出特点是，在目标中要体现出通过分解的行为构成要素的学习，到组成整体的行为能力的过程。其最后的结果是，在课程实施完成后，课程目标变成了学生自身所发生的行为变化。

行为目标取向的具体性、可操作性、确定性，为课程实施带来了很多便利。从人本化的角度看，便于学习者对所学习内容的理解和把握；从课程的社会性看，有利于课程的各利益相关方之间的交流；从课程评价的角度，由于有了明确的、具体的行为目标要求，因此有利于课程评价结果得到社会的认可，从而奠定课程社会认可的基础。

“双证书”课程中的许多知识和技能要求，都适合用行为目标进行描述。如培养学生掌握特定职业岗位所要求的设备操作能力、工作文件编制能力等。

行为目标设计示例：

①能够进行复杂畸形工件的划线；

②能确定模具调试方案；

③能铣削薄型工件，宽厚比：B/H≥10。

2. 课程的生成性目标设计

“双证书”课程目标中的生成性目标是指在教育情境中，随着教育过程的展开而生成的课程目标。生成性目标的突出特征是：课程目标是在学习者、教师与教育情境的交互作用中得以实现的，也就是说，学生的能力是通过实践过程得到的。因此，课程的生成性目标主要反映的是对培养学生分析问题、解决问题能力的要求，课程目标的生成性价值，有利于促进以上能力的培养；有利于促进课程情境设计向真实生产现场的转变，产生所学知识应用的环境和条件；有利于学生掌握大量的经验性知识和隐性知识，为从事职业工作，进行必要的知识储备。

生成性目标设计示例：

①能准确诊断质量问题产生的原因，并提出解决问题的方案；

②能应用全面质量管理知识，实现操作过程的质量分析与控制；

③能应用定位原理对工件进行定位和夹紧。

3. 课程的表现性目标设计

在“双证书”课程目标中设置表现性目标的目的是，体现对学生的职业道德、创新精神、人格品质等关键能力的培养要求。随着社会用人标准的持续提升，对从业人员基本职业能力的要求已演变为用人的基本要求。与此同时，对从业人员在基本素养、可持续发展能力、创新精神、个人魅力等方面的能力要求不断提高。当前，这一趋势在教育界已得到普遍认同，成为了世界各国职业技术人才培养追求的共同目标。作为职业生涯的准备性教育，职业教育更应当关注学习者的职业发展要求，将表现性目标列入课程目标之中。

表现性目标设计示例：

①能够根据获取的新技术、新设备、新工艺、新材料信息，探索新的模具设计管理模式；

②能处理和解决试模现场的各种问题；

③能推广使用新型刀具。

4. 课程目标设计评述

(1)“双证书”课程目标设计原则

“双证书”课程目标要遵循纵、横两条线进行设计。在纵向上，应以行为目标作为课程的基本目标，培养学习者从事职业活动的基本能力；以生成性目标作为职业能力培养的进一步要求，增强学习者理论联系实际的能力；以表现性目标作为职业能力培养的最高境界，使学习者能够从更高的价值层面实现对行为目标和生成性目标的超越与完善。在横向上，行为目标、生成性目标和表现性目标三者之间具有有效联系，在每一个行为目标的实现中，都有生成性目标和表现性目标的要求；同理，生成性目标或表现性目标的实现过程中，也都存在着其他两种目标的要求。行为目标、生成性目标和表现性目标三者有时可表现为融合状态，即你中有无，我中有你。在适当的条件下，行为目标、生成性目标和表现性目标三者可出现互“生”状态。行为目标、生成性目标和表现性目标三者的层次性、互补性、互生性，决定了“双证书”课程在课程目标的价值取向上要采用三者共用的模式。

(2)普遍性目标取向在课程目标中的体现

普遍性目标是基于经验、哲学观或伦理观、意识形态或社会政治需要而引出的一般教育宗旨或原则，这些宗旨或原则运用于课程领域，成为课程领域一般性、规范性的指导方针。它的特点是把一般教育宗旨或原则和课程目标等同起来，所给出的课程目标是一般性的宗旨或原则，而不是具体的。如中国古代“格物、致知、诚意、正心、修身、齐家、治国、平天下”的教育宗旨，即是普遍性的课程目标。

“双证书”教育课程以培养国家急需的高技能人才为根本目的，根据国家“以服务为宗旨，以就业为导向”的职业教育办学要求，其普遍性课程目标的设置应“以就业为导向”，课程中的行为目标、生成性目标、表现性目标的设计，都是在这个普遍性课程目标的前提下进行的。此外，课程设计的其他工作，包括实施、评价等都要遵循这个普遍性目标的背景。

(二)“双证书”课程内容的选择与设计

课程内容选择是根据特定的教育价值观及相应的课程目标，从学科知识、当代生产技术、社会生活经验等方面选择课程要素的过程，是课程设计的有机构成环节，合理的课程内容是实现课程目标的保障。课程内容的合理性程度，制约着教育目标和课程目标，影响着人才培养的具体质量规格。根据“双证书”课程的目标，其在课程内容的选择和设计上，应采取“一个中心，两条主线”的原则。即要紧紧围绕专业人才培养目标这个中心，遵循国家职业资格证书标准和职业技术教育学历标准两条主线，开展课程内容选择工作，将有助于实现课程目标的知识、技能、态度等选为课程内容。

1.“双证书”课程内容选择取向

(1)课程核心内容来源于国家职业标准

国家职业标准是职业技能和职业技术知识相互融合的产物，因此在“双证书”课程中，以此作为课程内容的主要来源，有利于课程目标的实现。从课程的普遍性目标看，以就业为导向就是以社会需求为基本衡量标准。目前，职业领域中，低技术含量的职业(岗位)不断消亡，新产生职业(岗位)的技术含量越来越高，促使国家对劳动力市场的管理越来越规范，没有职业资格证书难以踏进职业领域大门，劳动者只有通过职业学习提高职业能力，拿到相应职业资格证书，才能使自身在就业竞争中立于不败之地。

(2)课程内容水平达到职业技术教育学历标准

职业技术学历教育的标准是“双证书”课程内容选择的另一条主线。

在我国，职业教育是定位在“职业技术教育”层面的，它具有培养高端技能型人才和职业岗位技术人才的功能。职业教育学历标准的设计思路就是通过对“技能”要求提出更高层次的要求，实现对人才创造性工作能力方面的培养，使学习者达到能够创造性工作的要求。因此，职业技术学历教育的内容和水平主要通过对“技能”要求的层次、水平的控制来实现。

“技能”是技术发展拓展的原点，它在操作形态、知识形态和实物形态三个维度上有三个层次的发展，与技能发展的三个层次相对应的人才培养规格分别是技能型人才、高技能型人才和技术型人才，详情见表 4-1。

表 4-1　技能发展的三个层次

发展方向	发展过程			
操作形态方向	①技能⟶	②技巧⟶	③工艺⟶	④工程设计
知识形态方向	①技能⟶	②经验知识⟶	③技术规范⟶	④技术理论
实物形态方向	①技能⟶	②工具⟶	③机器设备⟶	④机器体系
人才培养规格		技能型	技术型	高技能型

由此可见，“技能”发展到一定层次，就包含了创造性的成分。一个能够被称为“有技能”的人，不仅仅需要掌握工艺方法、步骤、操作程序、工作方法等经验性的知识，更重要的是看他是否具备创造性工作的能力，是否能够投入从未遇到过的工作；是否能够使用新的科技；是否能够解决从未遇到过的问题。

(3)课程内容体现继续教育性

对学习者继续学习能力的培养，从某种意义上来讲，比基本职业能力的培养更为重要。其原因一是关键能力的培养不是在某一特定阶段的职业教育过程中形成的，而需要在终身学习中不断培养和锻炼。二是技术进步导致职业工作内容、性质变化，只有不断学习新技术、新知识才能满足不断变化的职业工作需要。因此，无论课程设计的多么完美，都不可能使学习者获得终身需要的知识和能力。不断学习，不断进取，是现代社会对从业者的要求，是职业能力不断发展的需要。

2. 课程内容的组织

课程内容的组织是指采取何种逻辑形式对课程内容进行编排和表达。秉承“双证书”课程职业性和教育性的双重特性，其课程内容的组织一般遵循连续性、顺序性、整合性三个原则。即通过直线式的课程要素陈述方式，体现课程内容组织的连续性；顺序性则体现在，每一后继内容都是以前面的内容为基础进行设置，同时又有深入、广泛的展开；课程中各种内容之间的横向联系则体现出整合性。以此原则为基础，派生出课程内容的具体组织方式如下。

(1)复合式课程内容组织逻辑

课程具体内容的组织有直线式与螺旋式两种逻辑形式。直线式逻辑形式，遵循连续性原则，它把课程内容组织成一条在逻辑上前后联系的“直线”，课程内容直线前进，前面安排过的内容在后面不再呈现，这种组织形式具有较高的效率。螺旋式逻辑形式遵循顺序性原则，其主要特征是在不同单元、阶段中，前面出现过课程内容有计划地重复出现，前面呈现的内容是后面内容的基础，后面内容是对前面内容的加深和扩展，这种组织形式的最大特点是符合人的认识过程的发展规律。

在“双证书”课程中，有多种类型的知识和技能，各种知识、技能都有自己独特的表达形式，因此其认知过程也有所不同，灵活选取课程内容组织的逻辑形式，有利于提高学习效果。如对理论性较强、学生不易理解和掌握的内容，螺旋式逻辑形式较为合适；对以感知认识为主的技能性内容，以采取直线式逻辑形式为好。此时，在一门课程中，出现了两种以上的课程内容组织逻辑，由此产生了课程内容组织的复合式模式。

(2)知识(技能)—工作任务模式

知识(技能)—工作任务模式，就是以建立知识迁移通道为目的，把工作任务和完成工作任务需要应用的知识(技能)联系起来的一种课程内容组织编排逻辑。

“双证书”课程的内容通常是完成职业工作任务所需的手段、途径和行为方式，它们相对于某一特定的技术学科来讲就是技术方法。在职业工作领域中，技术方法与工作任务之间有特定的联系，表现在完成不同的工作任务需要使用不同的技术方法。例如，机械零部件的回转表面加工，要使用车削加工技术，而平面的加工则要使用铣工加工技术。

由技术方法与职业工作任务的特定联系，继而产生了知识与职业工作任务之间特定的联系，并且这种联系已超越了简单的知识—任务的组合关系，达到了知识迁移要求的更高层次，即准确选择迁移知识，并在知识迁移应用中创新出新知识、新技术，运用于新的工作任务的要求。

因此，知识(技能)—工作任务模式，符合学习者的心理顺序，有利于学习者形成适合自身思维特点的知识结构，它为最终实现能力升华，达到通过知识迁移完成工作任务奠定基础。

(三)“双证书”课程设计技术路线

“双证书”课程设计技术路线如图4-3所示。该路线以行业(企业)调研报告、实践专家研讨会总结报告、国家职业标准分析报告等资料为基础，从确定课程目标入手，结合所选择的课程内容，确定课程类型，完成课程设计工作。

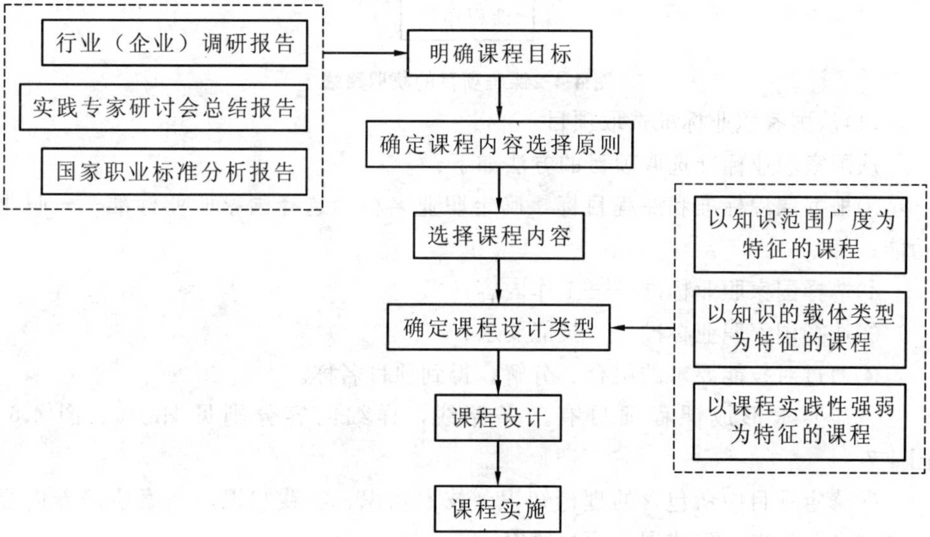

图4-3 “双证书”课程设计技术路线

三、不同类型“双证书”课程设计要点

(一)项目课程设计要点

通过营造职业工作情境，锻炼和培养学生的职业工作能力，实现学生技能、知识、态度的共同构建，是采用项目课程设计方式的根本目的。因此，项目课程设计必须以工作体系作为课程知识表达体系，把技术理论知识的应用放在课程目标的首位，按照工作过程编排课程内容。

1. 项目来源和确定方法

项目课程中的教学项目应该来自于国家职业标准和职业工作领域。确定课程项目时，首先由国家职业标准入手，其次结合企业用人标准和学历教育水平要求，对其进行修改、补充、完善，最后得出符合课程标准和课程目标要求的课程项目。获取课程项目的工作路线如图 4-4 所示。

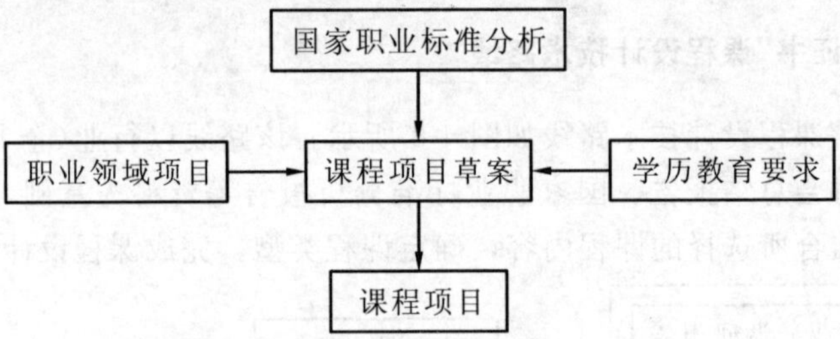

图 4-4　课程项目的获取路线

(1)从国家职业标准选取项目

从国家职业标准选取项目的方法如下：

①根据课程标准和课程目标，确定职业名称、选择国家职业标准——职业功能；

②选择国家职业标准——工作内容；

③选择国家职业标准——技能要求；

④通过对技能要求的组合、分解，得到项目名称。

技能要求形成课程项目有三条路线，详细内容分别见图 4-5、图 4-6、图 4-7。

⑤修定项目中所包含的理论知识、技术知识、实践知识以及素质培养内容等的广度和深度，形成课程项目草案。

⑥按照一定逻辑编排项目的顺序。

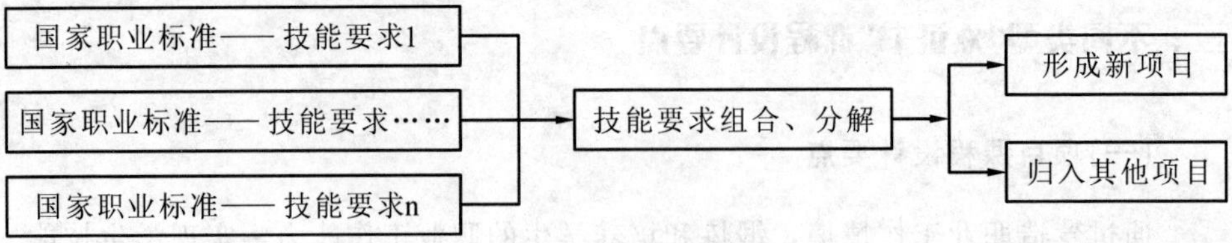

图 4-5　技能要求转化课程项目的路线之一

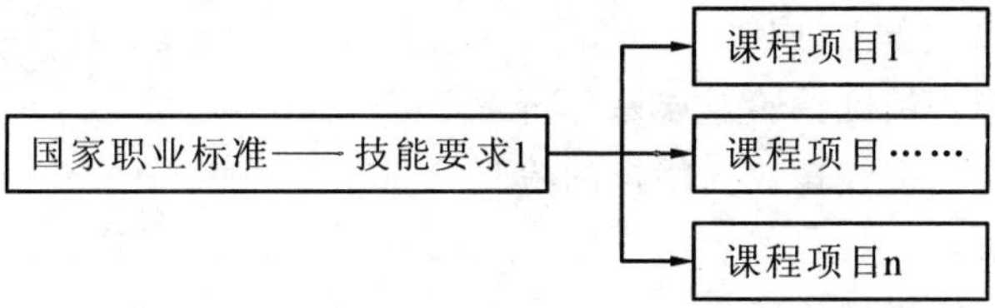

图 4-6 技能要求转化课程项目的路线之二

图 4-7 技能要求转化课程项目的路线之三

示例一：

课程名称：机械制造技术

①职业名称：车工(中级工)

②职业功能：工件加工

③工作内容：普通车床螺纹、蜗杆的加工

④技能要求：

◆能车削梯形螺纹、矩形螺纹、锯齿形螺纹等；

◆能车削双头蜗杆。

⑤课程项目名称：

◆车削梯形螺纹；

◆车削双头蜗杆。

说明：因矩形螺纹、锯齿形螺纹在机械产品中的应用比较少，故不宜作为单独的课程项目，可在拓展课程中，设置该内容。

⑥课程项目草案：

项目 1：刚性轴车削加工

工作成果：刚性轴零件

项目 2：细长轴车削加工

工作成果：细长轴零件

⑦确定课程项目：

◆车削梯形螺纹；

◆车削双头蜗杆。

示例二：

在示例一的基础上，对其他职业功能或工作内容中的技能要求进行组合。

①职业名称：车工(中级)

②职业功能：精度检验及误差分析

③工作内容：多线螺纹与蜗杆的检验

④技能要求：

◆能进行多线螺纹检验；

◆能进行蜗杆检验。

根据本课程内容的编排逻辑——以工作过程为课程内容编排顺序，则这两项技能要求分别组合到示例一的项目1和项目2中，不单独设立项目。

(2)从职业工作领域中选取项目

“双证书”课程中的项目，首先，是职业领域的一项工作任务，且是一项相对具体的工作任务；其次，它具有结果性，即项目完成后，一定有可知或可见的工作成果。根据以上基本思路，从职业工作领域中选取项目的方法如下。

①寻找合适的职业工作任务。该工作任务要符合两个条件：

◆理论知识、技术知识、实践知识等水平符合课程目标要求；

◆工作任务的主要内容符合课程标准要求。

②工作任务分析。将确定的工作任务，进行详细分解，使所分解的每一个工作子项，都满足产生工作成果的要求。

③整理、归纳上步骤得到的各工作子项，获得课程项目的名称。

④对照课程标准和课程目标要求，修定项目中所包含的理论知识、技术知识、实践知识以及素质培养等内容的广度和深度，形成课程需要的项目。

⑤按照一定逻辑编排项目的顺序。

从职业工作领域中选取项目的工作路线如图4-8所示。

示例三：

课程名称：机械制造技术

①职业领域工作任务：轴类零件车削加工

②工作任务分解为：刚性轴车削加工；细长轴车削加工

工作子项1：刚性轴车削加工

工作成果：刚性轴零件

工作子项2：细长轴车削加工

工作成果：细长轴零件

③课程项目草案：

项目1：刚性轴车削加工

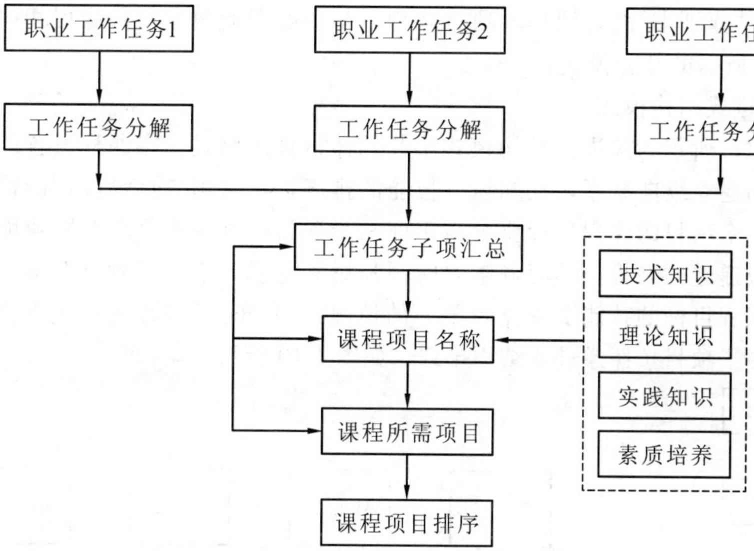

图 4-8　课程项目确定工作路线(职业工作领域)

工作成果：刚性轴零件

项目 2：细长轴车削加工

工作成果：细长轴零件

④确定课程项目：

情况一：

本课程的授课对象为机电一体化专业学生，课程目标为掌握轴类零件加工工艺，故选取刚性轴车削加工项目为课程项目。

情况二：

本课程授课对象为数控技术专业学生，课程目标为具备轴类零件的加工能力，故课程项目确定为两个。

项目 1：刚性轴车削加工；

项目 2：细长轴车削加工。

课程项目排序：

本着能力递进原则，项目排序结果如下。

项目 1：刚性轴车削加工；

项目 2：细长轴车削加工。

2. 项目课程结构设计

职业教育项目课程的结构是指一门课程中，各个子项目之间的逻辑关系。

一般来讲，"双证书"教育课程的项目课程，与一般职业教育项目课程相同，主要有图 4-9 所示的几种模式。

(1)递进式结构模式

图 4-9(a)所示为递进式结构模式，其总体设计思路是，在课程设置的各个子项目之间建立纵向联系，在知识、技能的排序上，采用"前低后高"的设计思路，即后一个项目的课程目标要求高于前一个项目。该模式呈现对职业能力培养要求逐级递进的态势，学习者学习时极易感到进步，学习成就感明显。该模式适用于课程目标的技能要求比较单一的情况，如《车工》课程的轴类零件加工项目，其各子项目按照递进式结构排列，如图 4-10 所示。

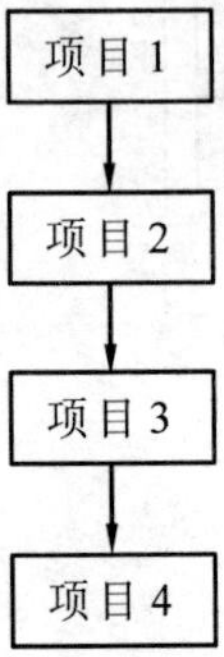

(a) 递进式

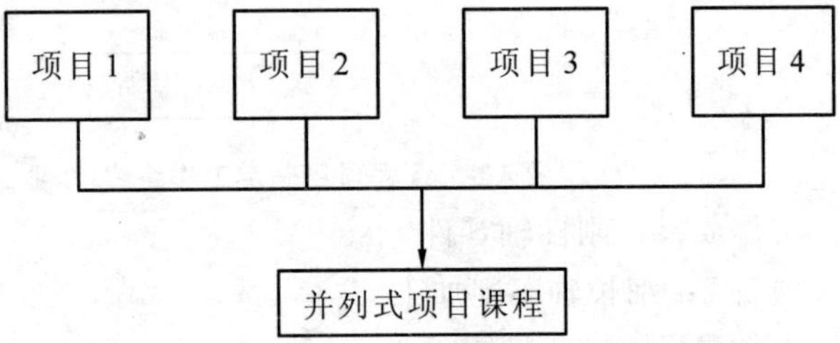

(b) 并列式

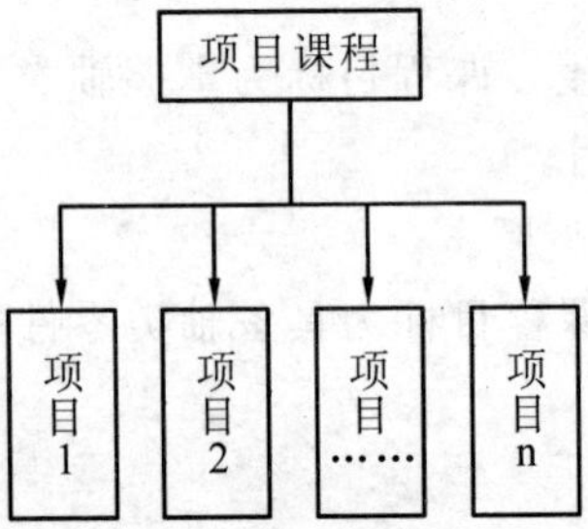

(c) 分解式模式之一

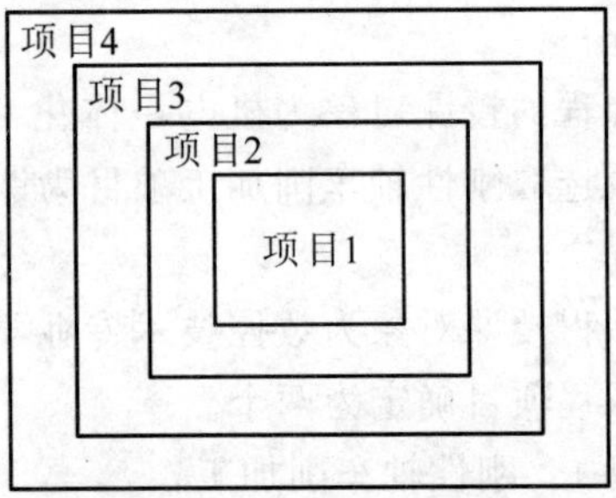

(d) 扩展式

图 4-9 项目课程逻辑结构模式

(2)并列式结构模式

图 4-9(b)所示为并列式结构模式。其设计思想是：各个子项目在纵向上没有递进式的逻辑关系，横向上也没有因果关系，各个子项目呈并列关系，其中某一个子项目的缺失，不影响对其他子项目的学习。该模式下，课程的每一个

子项目的培养目标都有明确的职业能力指向，各个子项目学习完成后，学生应当达到课程所要求的能力培养目标。并列式结构模式设计适用于职业工作中不同领域职业能力培养的课程，如《铣工》课程中，根据加工设备不同，可以将卧式铣床加工和立式铣床加工设置为两个平行的课程子项目。

此外，项目课程设计模式还有分解式、扩展式等形式，如图 4-9(c)和图 4-9(d) 所示。在课程设计时，可根据实际情况选用。

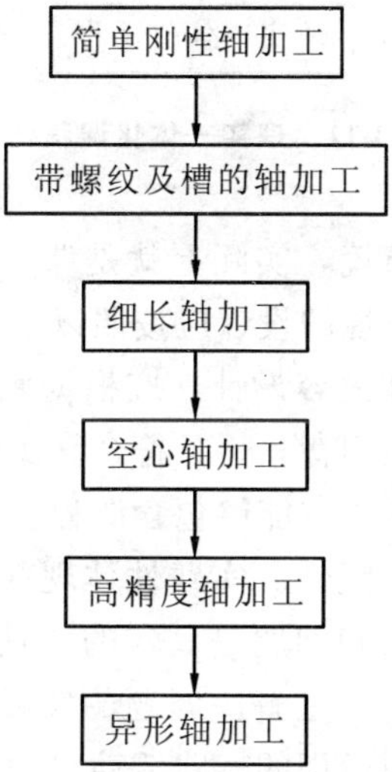

图 4-10 《车工》项目课程的递进式结构模式

(二)理实一体化课程设计要点

理实一体化课程设计的指导思想是：突出体现技术知识在职业工作中的应用，重点培养学生运用知识、技术解决职业工作问题的能力。

1. 课程结构设计

根据理实一体化课程的设计思想，其课程结构形式宜采用情境学习为好。因为从人的认知规律可知，直接在知识映射的应用领域中进行学习，易于提高学习效率，有利于知识在学习者头脑中的建构，也有利于知识应用环节的知识迁移。

理实一体化课程的结构如图 4-11 所示。该课程有若干个学习情境组成，学习情境的多寡由人才培养目标决定。

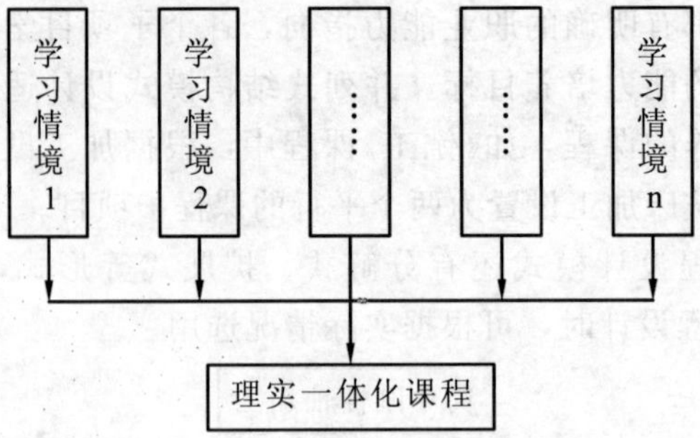

图 4-11　理实一体化课程结构

2. 学习情境设计

理实一体化课程的学习情境，实际上就是课程中的理论知识应用所对应的职业工作情境。因此，学习情境的设计应按照以下原则进行：

①学习情境的划分和具体内容设计，应根据职业活动的工作情境进行，即学习情境一定是理论知识的应用背景，且符合真实的职业活动规律；

②学习情境的覆盖范围，一定能够包含课程中所有理论知识的应用情境；

③学习情境设计要突出实践性。实践性体现在两个方面：一是问题产生的实践性，即课程所产生的现象和问题是真实的，是学习者进行职业工作实践中产生的，不是臆想和捏造的；二是解决问题的实践性，即运用知识和技术解决职业工作问题，它是一种知识运用的实践活动。

3. 课程内容的开放性设计

理实一体化课程重在培养学生发现问题、解决问题的实践能力，因此课程内容应采用开放式设计方式。开放式的课程内容设计具有以下特点：

(1)问题产生的开放性

问题产生的开放性表现在两个方面：一是课程中用于学生学习的各种问题的产生，不完全是预先设定的，有一部分是随机产生的；二是问题产生的先后顺序也是随机的，不一定与预先设计的一样。例如，机械加工质量分析课程内容设计时，只要给出机械加工过程中可能出现的所有质量问题、现象以及解决问题所用到的知识、技术等即可，不必排序(如按照对零部件质量影响的重要程度排序)。因为机械加工质量问题的产生具有很强的随机性，这就决定了质量问题产生的无序性，本着在实践中发现问题、解决问题的课程设计原则，此部分内容设计时，给一定的开放性，让学习者在进行职业活动的实践中，自主发现问题，总结经验，对提高解决问题的能力大大有益。

(2)问题解决方案的开放性

生产实践中，同一职业工作问题的解决方案有多种，这些方案有些在工艺性、经济性等方面有所差异，而有些方案又是各有千秋，适用于不同场合。因此，在问题解决方案的设计中，要给予宽松的工作空间，能够让学生开阔思路，使其思想在科学技术的海洋中得以驰骋，以增长见识，并通过多种形式、多种方位的知识迁移活动，锻炼和培养真正的、职业工作岗位需要的知识应用能力。例如，轴的结构设计项目，只需提出两个方面的要求：一是提出轴上所装配零部件的数量、装配精度和功能等要求；二是提醒设计过程中的一些主要事项，如轴上零件装拆方便、加工制造的工艺性等，其他问题由学生在学习过程中，自行制定解决方案。

在以上两个条件给定后，即可让学生根据已学过知识自主进行轴的结构设计。学生所设计的方案，达到以下三个标准即为合格。

①满足轴装配后的功能要求；

②达到装配精度的要求；

③满足结构工艺性要求。

问题解决方案的开放性设计，带来了许多好处。

①学习者可以设计出多个问题解决方案，在对不同方案的比较和评价中，学生可获得课程内外的大量隐性知识；

②进行不同方案设计的学生，解决问题的切入点可能不同，方案的逻辑关系可能不同，看问题的角度可能不同，在与他人的交流中，这些不同的思维方式会发生碰撞，产生智慧的火花，使学习者认识问题和解决问题的能力在实践工作中得以提高。

(三)实训课程设计

当前，实训教学多关注的是技能的培养，而忽视素质的形成，或者将素质培养与技能锻炼分开来做，这些做法都较难达到人才培养的要求。根据人的认知规律，技能的形成和能力的形成是存在着密切联系的，技能是低级的能力，当多种技能复合在一起，并对人认识世界和社会实践产生影响时，它就演变为通常所说的能力。在研究领域，技能一般被称之为封闭性能力，其进一步的发展就是开放性能力。高等职业教育最终的目的是培养具有开放性能力的人才，因此实训课程在结构设计上，就要体现出从“封闭性能力”培养到“开放性能力”培养的递进过程。

1. 课程结构设计

"双证书"教育实训课程目标的价值取向是追求学习者技能和素质的全面提高，最终达到取得"双证书"的职业能力要求。因此，在进行课程设计时，不但要考虑课程目标的整体性，如要包括知识学习目标、技能学习目标、职业素质学习目标、人本素养学习目标等，还要考虑在教学组织、课程逻辑主线等问题上体现实训课程的特点。

"双证书"教育实训课程设计指导思想是：以取得某一等级(如初级工、中级工、高级工等)的国家职业证书为根本目标，重点突出实践技能的训练和培养过程，将职业素质、人本素养等关键能力培养融入实践技能训练中，通过实训使学习者达到该职业等级要求的职业技能标准。为实现这一设计思想，实训课程的结构应由多个工作任务组成，工作任务主要来源于国家职业标准，必要时可增加本区域行业(企业)特有的工作任务。实训课程详细的课程结构如图 4-12 所示。

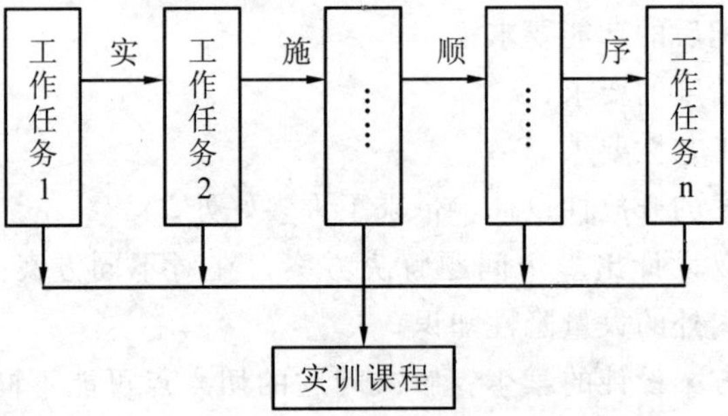

图 4-12　实训课程结构

例如，《装配钳工》实训课程，可以分为初级工、中级工和高级工三个模块。根据《装配钳工》国家职业标准要求，初级装配钳工应具备三个职业功能：工艺准备、加工与装配和精度检验。

通过对该职业标准的分析，确定《装配钳工》实训课程初级工模块的实训任务有以下几项：

①工作任务一——工作图纸识读与分析；

②工作任务二——编制加工、装配工艺；

③工作任务三——平面划线和简单的立体划线；

④工作任务四——钻、绞孔及攻螺纹(公差等级 IT8)；

⑤工作任务五——平面的刮削与研磨；

⑥工作任务六——简单机械设备的装配与调整；

⑦工作任务七——加工质量与装配质量检验；

⑧工作任务八——常用钻床的维护保养。

通过这八个工作任务的实践训练，学习者可以掌握初级装配钳工所要求的职业技能，达到国家职业标准的要求。

以国家职业标准为实训课程的中心内容，可以充分发挥实训课程在取得国家职业资格证书方面的优势，解决了“双证书”教育中职业资格证书的技能要求达标问题，使职业技能的培养落到了实处。以国家职业标准为实训课程的中心内容，还体现了“双证书”教育课程的特征——突出的职业实践能力要求，体现了“双证书”教育课程体系在职业资格认证方面的质量保障方式，为课程得到职业技能鉴定机构以及社会各界的认可，奠定了基础。

2. 工作任务设计

(1)工作任务设计要体现层次性

从职业能力培养的角度看，技能、能力和素质培养是实训教学目标的三个层次。实训课程既承担着学生“技能”的培养任务，也承担着“能力”的培养，同时还肩负有提高学习者素质的责任。从课程实施角度看，课程目标是一个系统，它自上而下分别为课程总目标、单元(阶段性)教学目标和课时教学目标。这些目标或相互包含，或简单累加，或有横向联系，形成目标网络，通过自下而上的实施，以螺旋式的上升形态达到专业教学总目标。因此，在课程目标的设计上，实训课程要清晰地体现出层次性，使学生在每一个课时、每一个教学单元中，都获得相应的技能，最终实现课程目标。

(2)工作任务内容要体现融合性

工作任务是实训课程的基本组成单元，总体课程目标的实现有赖于各个工作任务的圆满设计和实施。“双证书”教育的实训课程，其工作设计任务要满足以下要求：

①构成课程的工作任务，在内容覆盖面上要至少包含国家职业标准中一个职业等级的职业能力要求；在能力要求的标准上，必须达到与课程目标同等的要求，即能够保证获得课程目标所规定的职业资格证书。

②工作任务具体内容顺序的编排应以职业工作过程为设计依据，学习形式以学生实践活动为主，工作任务是课程内容的载体，实践活动是实现课程目标的手段。

③所确定的工作任务，必须符合两个条件：一是必须是本职业工作领域中真实的、常见的工作任务；二是该任务一定要体现出教育性特征，同时兼备取得“双证书”的培养功能。

第五章
“双证书”课程教学设计

教学设计是指教师以各种学习和教学理论为基础，依据教学对象的特点和自己的教学理念、风格，运用系统的观点与方法，遵循教学过程的基本规律，对教学活动进行的规划、安排与决策。[14] 教学设计是一种具有创造性、学科性、决策性的研究活动，其目的在于实现效果好、效率高和富有吸引力的教学，最终促进学习者的学习和个性的发展，它是背景范畴、经验范畴和组织化的知识范畴三方面综合作用的产物。教学设计具有非常强烈的社会交往性，受到背景因素、社会因素、教学设计者、实施者、学习者等多方面的限制和制约。一个完整的教学设计过程一般包括以下组成部分：教学设计的前期分析、阐明学习目标、制定教学策略(包括教学媒体的选择和设计)、教学设计成果的评价与修改，教学设计的主要步骤见图 5-1。[15]

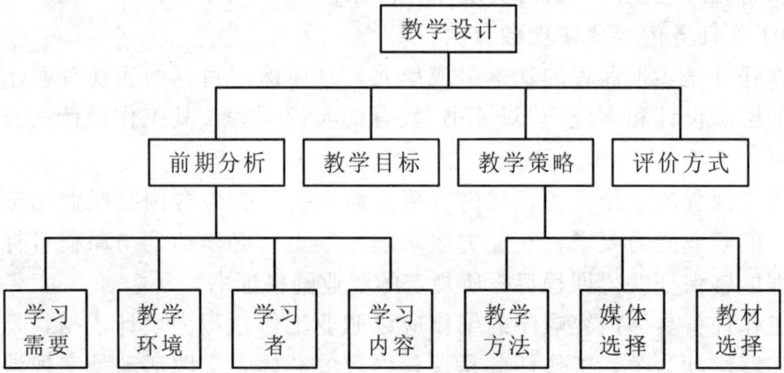

图 5-1　教学设计的主要步骤

一个好的教学设计是一种产生学习经验和学习环境，提高学习者获得特定知识、技能的效率和兴趣的技术过程，教学设计成功的标准是学习者的学习水平是否达到了教学目标所要求的标准。因此，教学设计的主要任务就是设计教学实施的具体情境、具体的目标群体、符合教学目标和学习者学习规律的方式方法，达到实施最有效教学的目的。

一、教学设计的模式

确定学习者的需要、确定教学目标、建构评估过程、设计和选择教学传送的方法方式、试用所设计的教学系统、安装和维持系统等是教学设计的基本要素，这些要素与不同的教学环境的结合，产生了不同类型的教学设计模式。根据“双证书”教育课程理论性与实践性高度统一的特点，宜选用下述几种方式作为教学设计的主要模式。

(一)参与式教学设计

现代社会对人的主体性素质要求的不断提高，促使了教育理论的发展和现实的变革。“主体参与”式的教学已逐渐成为现代课堂教学的核心，并已深入影响到教学设计领域，由此产生了参与式教学设计模式。参与式教学设计模式的价值取向是权利的分享，教师与学习者分享教学设计的权利，教师从教学设计专家转变为教学促进者；学习者是学习的主人，而不是被动接受者；学习过程也不再是学习者被动地接受他人预先设定的、选取的知识传授过程。参与式教学设计模式具有以下基本特征。

1. 多元化的教学设计主体

参与式教学设计主体的多元性，表现在有教师、学生、教学管理人员、其他利益相关人员等多个主体共同参与教学设计。多主体参与教学设计可以发挥团队作用和集体智慧，有利于避免在教学目标、教学内容、教学方法、教学手段、教学评价等环节设计中的片面性和单一性，有利于丰富教学设计的内容和形式。同时，多元主体之间观点的碰撞、思想的交锋也有利于主体之间相互学习、相互促进，进而激发思维的火花，促发创新性的灵感，使教学设计的视野更加宽阔，并提升看问题的深度与广度，推动教学设计优质高效地开展。

2. 开放式的教学目标和教学过程

参与式教学设计的目标是通过师生间交流、商议，在教学过程中逐渐形成的。与传统教学设计不同，在课程设计活动开始之前，参与式教学设计不一定有确定的教学目标，教学目标是由教师和学生在教学活动中共同设定，并且教学目标在教学过程中还会有调整与变动，这就使教学目标呈现高度开放性。参与式教学设计的教学过程的开放性还表现在教学过程没有固定的模式，不需要按照一定的模式和程序开展，而是根据现实情境，教师学习者之间的互动、交流、讨论等情况，不断调整教学设计思路和方案，使教学过程在一个动态的环境中完成。

3. 交互式的教学方式

参与式教学设计的交互性，体现在教师与学生之间，学习者自身之间，学习者与教学媒体之间等多个方面。教师要通过与学习者交流，掌握他们学习心理的变化和知识接受情况；学习者要通过与教师交流，理解教学意图和要求，学习和培养思辨能力；学习者之间要通过讨论协商，培养和锻炼与他人合作的团队工作能力，自主解决问题的能力。这时的教学活动，已经变成了由教师和学生共同完成的一项任务，他们成为为共同目标而努力的合作者，共享成功的喜悦，失败的苦果，为取得成功师生均需作出自己的努力。

参与式教学设计模式有助于增强学习者的学习动机，促进学习，同时能够形成学习者与教师间互相信任与尊重的氛围。它有助于在同一课堂教学中为不同学习方式、学习水平的学习者提供学习需要，有助于增进学习者的独立性、学习责任感和终身学习理念，并在对话协商中，培养学习者接受他人和欣赏差异性的能力，进而锻炼团队工作能力。

(二)以学习者为中心的教学设计

以学习者为中心的教学设计模式，其特点是在整个教学过程中，教师作为组织者、指导者、帮助者和促进者，充分利用情境、协作、会话等学习环境要素，促进学习者主动性、积极性和创新精神的发挥，以最终达到使学生有效地建构当前所学知识的目的。以学习者为中心的教学设计，在以下几个方面有独特的要求。

1. 学习情境真实或接近真实

在真实或接近真实的情境中学习，即是要在职业能力的实际应用环境中学习。建构主义认为，学习者的学习过程和学习结果，不但要受学习者的认知图式、社会文化背景的影响，还会受学习活动所在的学习环境影响，不同的学习环境会导致学习者对知识和技能的不同理解。

此外，在真实的学习情境中，学习者很容易将学习活动与他们过去的经验或以前学习的知识相联系，也容易理解学习活动与未来工作生活的联系或某种利益相关，这样就容易激发和维持学习动机，产生有效的学习。因此，直接应用于实际环境中的知识和技能，应该在实际应用环境中去学习。

2. 教学资源丰富、充分

在以学习者为中心的教学设计中，教师的主要作用已由传播信息转变为帮助学习者接收和理解信息。此时，教学内容信息的传播，要通过学习环境提供的其他类型的信息源完成，由此决定了以学习者为中心的教学设计必须有丰富充分的教学资源。

教学资源的形式以多样化为好，其类型包括经特定设计的教科书、各种资源库、视听媒体、计算机软件等。同时，要充分利用颜色、字体的变化以及图片和视频信息，以吸引学生。需要注意的是，选择教学资源时，要遵从一个基本原则，即教学资源是用来为学生提供教学内容的，不是用来给教师演示用的。

3. 学习工具形式多样

要支持学习者自主学习，就必须提供学习过程中所需要的学习工具。适宜的学习工具可以帮助学习者获取信息、保存信息和处理信息，促进认知过程。例如，在真实工作环境中使用的各种工具、手册、仪器仪表、应用软件等都是学习工具。

以学习者为中心的教学设计模式的优点是，强调了学习者是学习过程的主体，是意义的主动建构者，因而它有利于培养学习者的主动探索、主动发现意识，有利于创造型人才的培养。其不足之处是，过于强调“学”，容易忽视教师的主导或指导作用的发挥，当学习者自主学习的自由度过大时，容易偏离教学目标的要求。

(三)体验式教学设计

体验式教学设计模式是以实践性问题解决为逻辑起点，以学习体验的生成为重心，以实践性思维的训练为直接目标的一种内发创生式教学设计模式。“用中学”是体验式教学设计的核心理念，该模式的特点如下。

1. 从学习者的经验出发设计教学

体验式教学设计的思路是，以问题创设为引导手段，诱发学习者发现自己固有的认识与新事实、新现象之间的矛盾，使之产生解决问题的欲望和激情，这一学习过程的引发，必须从激活学习者头脑中已有的经验开始。在分析问题和解决问题的过程中，当学习者感到现有的经验不能解决当前的问题，便会投入新知识、新技能的学习，并尝试着用所学的知识去分析问题和解决问题，并逐步形成解决问题的能力。而学习者的感受则是：知识是在自己经验生长的过程中自然学习的，是自己经验的增长。因此，学习者的经验是体验式教学设计的起点。

2. 弹性化的教学设计

弹性化教学设计是指在教学目标和教学过程设计中留有“弹性区间”。留有弹性区间的目的一是为教师和学生在教学过程中的主动性、创造性的发挥留下空间；二是为教学效果的动态生成及生成性资源的利用等留下空间。因为教师和学习者均是适应性主体，随着他们与环境信息、知识信息等的不断交换，自身也会有所发展，这种发展会引发环境产生无法预料的变化。因此，教学过程的进展不可能完全被预设出来，教学设计必须为教学过程的发展预留一些空间。在教学过程中，预留教学发展空间，还可以促使学习者生命激情与活力的活化，使教学活动充满创意与可能，充满创生性与未知性，从而引发学习者进行有意义的学习与生活。

此外，通过目标的“弹性”设计，可以照顾学习者学习能力的差异性，也可以控制期望目标与实际结果之间可能出现的差异程度，表现出实事求是的教学设计思想。通过教学过程的“弹性”设计，还可以使教学过程的开始、推进、转折从容不迫，体现水到渠成的学习规律，让每个学生都有时间和机会感受到学习过程中的乐趣。

3. 粗放与细致并存

从不同的角度看，弹性化教学设计具有粗放和细致两个特征。其“粗放”表现在它只设计教学的大概路径和主要事件，对具体事件的处理方法不作规定，对各教学环节的程序也不详细规定，使教学过程有了较大的不确定性和可变性。其“细致”表现在为不同教学思路设计不同的推进策略，即在教学进程中的每一关键处，都要依据教学基本规律、学习者认知发展的特点以及各教学要素之间的联系、运动和转化等情况，考虑教学过程中可能出现的各种状态，以及事态发展的各种可能性，做出不同情形下的教学过程推进策略。

二、教学设计的主要环节

(一)学习者设计

学习者设计主要包括学习背景分析(包括学习需要分析)和学习者分析两项工作。学习背景就是对人物或事件发生作用的历史情境和现实环境；学习需要就是学习者在学习方面的目前状态与所期望达到的状态之间的差距。

1. 学习者的教育背景

掌握学习者的教育背景，可以掌握学习者的智力水平、阅读、写作、数学能力、进行复杂思维的能力以及解决问题和理解问题的能力等情况，也是确定教学起点的重要信息。学习者的教育背景，主要从以下几个方面考察：

①最高学历是什么；

②是否接受过正规职业教育；

③是否接受过短期职业培训；

④已经具备的职业能力有什么；

⑤个人所接受过的各种类型培训有什么。

学习者的工作经验主要从以下几个方面考察：

①在哪个行业工作过；

②在职业工作领域中，所从事岗位的具体工作内容是什么？多长时间；

③除此以外，还有什么才能。

该项考察可以直接获得学习者对课程学习的期望值、已掌握技能的熟练程度、个人的成熟程度、先前的工作经验等，从而判断出其学习态度、学习动机以及对职业工作的适应能力等。

2. 学习者的思维方式

学习者的思维方式是指完成学习任务及处理信息的特征。学习者个体由于生活环境和成长历程的不同，会形成对感知刺激的不同反应，形成不同的信息加工方式。例如，在信息加工的方式方面，有人习惯于归纳推理，有人习惯于演绎推理；对外界信息的接受方式上，有人喜欢动态视觉刺激(如电影)，有人喜欢静态视觉刺激(如图片)，或是语言文字刺激、听觉刺激，还有一些人更倾向于通过动手操作等实践方式学习。此时，课程设计的任务就是要从学习者群体中，寻找他们共同的学习思维方式，将教学方法和个体学习特征相结合，完成切实可行的教学设计。

(二)教学目标设计

“双证书”教育课程的教学目标是建立在工作任务分析的基础之上的，通常应该包括三项基本内容，即认知领域、动作技能领域和情感领域的教学目标。

编写教学目标是一个复杂的过程，需要考虑、调整多种变化的因素。因此，并不是所有的教学目标都能够在课程开发时完全明确，有时在教学设计的开始阶段，可能只确定了比较宽泛的教学目标，然后在教学设计过程中不断进行提炼和修改，最终才能获得具体的、有效的教学目标。

教学目标可以设计成显性目标和隐性目标两种形式。显性目标通常是智慧技能、言语信息和动作技能应达到的目标，以显性的教学活动来达成的，包括知识目标和能力目标；而隐性目标则是认知策略和态度等，是在教学过程进行中自然达成的，主要表现为素质目标。设计显性和隐性两种目标的目的是强调隐性目标的重要性，引起教育者和学习者的充分重视，并切实将隐性目标贯彻到教学活动中，使显性目标与隐性目标在一个教学活动序列中，都能够得到较完美的实施和效果。

1. 具体教学目标的编写方法

教学目标是对学习者通过教学以后将能做什么的一种明确的、具体的表述。“双证书”课程教学具体目标的编写方法有行为式和认知式两种。行为式强调用可以观察或可以测量的行为来描述教学目标，认知式强调用内部心理过程来描述教学目标。两者都认为教学目标应重点说明学习者行为或能力的变化，且是反映学习者在教学完成之后具有什么新的能力。

根据行为式和认知式教学目标编写方法的特点，“双证书”课程教学具体目标的编写，宜采用以行为式为主，辅以考虑学习者内在的认知和情感的变化情况，如记忆、理解、掌握、欣赏等内在的心理变化，采用外显行为和内部过程相结合的教学目标编写方法。

行为式教学具体目标，要包括活动、应达到的标准、学业行为的条件三个组成部分，各部分的编写方法如下。

(1)活动

活动是教学目标所要求的学习者的学业行为，活动内容的描述要清楚，达到能够量化的程度。一般在教学目标中，对活动进行描述时，要以一个动词开头，采用“动词＋宾语”(动宾结构)，尽量避免使用难以观察行为结果的词语，如了解、知道、熟悉等。描述活动的动词，用来说明学习者应完成的学习内容，紧跟其后的宾语表述动作所指的具体内容。

示例一：

制定加工工艺。

为使课程要求更贴近职业活动实际，也可根据行业用语习惯，采用“宾语＋动词”。

示例二：

零件加工。

显然，动词在编制具体教学目标中起着举足轻重的作用，动词选择的是否准确、恰当，能否清晰地描述出学习行为不是一件容易的事情。实际操作中，按照布卢姆提出的反映行为动词的清单(表 5-1)选择动词，是一个简单易行的方法。

表 5-1 认知领域可观察的动词

知识	领会	应用
信息回忆 组织 命名 定义 排序 复制 回忆 标识 联系 列举 复述 匹配 再现 记忆	用自己的话接受信息 分类 报告 描述 重申 讨论 回顾 解释 精选 表述 分类 识别 告知 指出 转化 定位	在新情况中使用知识 运用 操作 选择 实践 证实 准备 改编 安排 采用 概括 说明 解决 诠释 使用
分析	**综合**	**评价**
把知识分解成部分，并展现部分间的联系 分析 区分 估计 辨别 计算 区别 分类 检验 比较 实验 对比 编目 批评 提问 图解 测试	把知识各部分组成一个整体，并为适应新情况建立联系 安排 管理 组装 组织 收集 计划 组成 准备 建构 建议 创造 建立 设计 综合 制定 编写	在给定标准的基础上做出判断 鉴定 评价 论证 判断 评估 预测 批驳 估价 比较 评分 辩护 选择 估计 支持

注：基于词语使用的意义，有些词语不止运用于一个层次。

(2)学业行为标准

此标准是指能否实现教学目标的评价标准，它规定了教学目标可接受的成绩的最低限度。学业行为标准可采用以下方式表述：

示例三：

加工精度 IT7 级。

示例四：

故障成因判断准确率达到 80%。

示例五：

8 项主要质量标准中，≥2 项不合格，不能通过。

“双证书”课程中的一些较复杂的技能目标，常常会使用多种标准，见示例六。

示例六：

在 60 分钟内，完成规定的细长轴零件的加工，加工精度 IT8。

(3)学业行为条件

学业行为条件是指学生达到的学业行为标准的评价条件或环境。采用“能在……条件下做……；做到……程度；达到……标准”来描述。

示例七：

以购物中心大楼建筑图为指导，标出所有的卫生间和中央空调检查口的位置，正确率应达到 100%。

示例八：

设计女性中式和西式婚庆礼服各一套，每套服装应在外形设计、衣领、面料、色彩等方面，体现出 5 个以上的典型民族特征，制作材料成本小于 800 元。

(三)教学策略设计

教学策略的设计要完成两个任务。一是确定知识传授的策略，即采用什么方式将知识传授给学习者更为有效；二是确定教学过程顺序，即什么样的教学顺序，更易于激发学习者的学习动机，产生成功的学习。

1. 教学策略设计

教学策略是依据教学目标、学习者的情况以及教学资源等，对教学方法、教学手段、教学程序进行综合考量后，得出的教学实施方案。教学策略有多种分类方法。

①按照学习目标的生成方式，分产生式教学策略和替代式教学策略；

②按照教学活动中，教师和学生的作用，分为以教为主的策略和以学为主的策略。

产生式教学策略是让学生在学习过程中，自己产生学习目标，体现出学习者对学习过程自主安排和控制的特征。替代式教学策略是指在教学活动中，更多地是按照教师预先制定的教学目标、教学内容等，进行教学活动的策略。

以教为主的策略在新时代课程教学中的地位日趋下降，已不再是教学策略的主流模式。以学为主的策略，因为突出了以学习者为中心的思想，对心智型技能、操作型技能、技巧型技能等培养都有较好的效果，因此在“双证书”课程教学中，得到大量的使用。适合职业教育课程教学的、以学为主的具体教学策略主要有：支架策略、抛锚策略、随机进入教学策略、认知学徒策略、建模策略、教练策略、合作学习和小组评价策略等。

2. 教学传递方式设计

(1)教学组织方式

教学组织方式通常有班级教学、个别化学习和小组学习。班级教学是指教师通过阐述、展示、论证、演示等方法向一个班级或一组学生传递教学信息的教学形式。这种方式教学效率较高，可以通过广播、电视、卫星通信等手段传播，在各种类型教学中被广泛采用，特别是在教师的言语组织能力较强的情况下，集体授课将最大限度地扩大受益学生的数量。但是，班级授课在大多数情况下，都是教师向学生单向传授信息，缺乏教师与学生、学生与学生之间的交流互动，也不能兼顾学生在学习背景、接受能力等方面的差异。

在“双证书”课程教学中，班级教学适用于以下情况：一是在学生进入小组学习或个别学习之前，用于讲解背景知识和学习要求；二是在项目或单元学习完成后，进行复习或总结；三是对一个新工作任务进行介绍或引发学生兴趣；四是组织学生对课程学习心得的交流。

在小组学习形式中，小组的人数一般控制在 4～10 人，教师和学生共同学习，通过讨论、问答、交流、协作、汇报等活动，完成教学目标。小组学习的优点表现在：

①学生可以通过表达自己的观点和评论他人的观点，提高口头表达能力，锻炼人际交往能力；

②为学生提供运用所学知识分析问题、解决问题的机会；

③每个学生都有充分展示自己思想的空间；

④教师也可以更清晰地了解教学过程的优势和不足，从听取学生的各种建议中产生新的教学设计思想。

其不足之处在于对学生课前准备活动要求较高，否则容易造成讨论无法开展的局面；对教师组织能力要求较高，需要有相当的精力放在小组的划分和管理上，以避免小组讨论中唱独角戏或偏离教学目标的情况出现。“双证书”教育课程中的理实一体化课程，特别适合采用此种教学组织方式。

个别化学习是指教师要根据学生各自特征、准备程度、需要和兴趣，为每一位学生提供单独的学习目标，设计适宜的学习活动。个别化学习的组织形式强调了学生自教、自学责任，这种责任感能够迁移到学生目前和今后的学习、生活中。同时照顾到了学生思维方式、智力程度、学习习惯等方面的差异，使他们能够以自己喜欢的方式完成学习，并从中享受学习的快乐。但是，我国目前的教育发展现状，还远不能达到这个要求，如还要由教师选择学习目标，提出学生必须遵循的学习要求等，学生只是在统一的教学要求的前提下，自己使用各种学习媒介进行学习。

这三种教学活动的组织形式各有优缺点，也有各自的使用条件和适用的对象，在实际教学设计和实施过程中要综合考虑、组合使用。

(2)教学传递媒介

教学媒体形式的选用受教学目标、教学方法、学生任务、学习者的特点、教学管理因素、现实条件、教师特征等因素的影响。如教学媒体有语言、文字、黑板、电子媒体、实物等，不同媒体在教学传递中适用于不同类型的教学内容。完成第一项工作任务的过程，用文字形式呈现可能更便于理解和记忆；而完成另一项任务的工作过程，可能以录像形式呈现更易明白；而对于技能类的内容，则是以对实物动手实践更有利于学习。因此，选择教学媒体时，要综合考虑以下几个方面的因素：

①学习环境的特征。媒体对具体学习内容的传递是否有效、易行，如在生产环境中，用电子媒体讲解如何解决一个技术问题，是否可以实现，电子媒体设备安装在哪里等。

②学习内容本身的特征。所选媒体是否支持预期的学习结果，如学习动作技能时，单独以语言和文字作教学媒体是不合适的。

③学习者的实际。所选教学媒体应以能促进学生积极性、主动性的发挥为目标。

④媒体的传递功能。不同媒体的传递功能不同，要正确选择媒体，传递其擅长的内容。例如，图片的选用可分若干类：点缀性图片、表征性图片、程序性图片、解释性图片、转化性图片等，不同类型的图片，擅长传递不同类型的课程内容，要重视媒体的传递功能与所传递课程内容的匹配性。

3. 教学过程顺序设计

根据人类认知的信息加工规律，一个完整的教学活动应有九个教学事件，即引起注意、告知学习目标、刺激回忆已学过的内容、呈现刺激材料、提供学习指导、引出行为、提供行为正确性的反馈、评价行为、促进保持和迁移，详见表5-2。

表 5-2 教学活动事件与学习过程的关系

序号	教学事件	与学习过程的关系
1	引起注意	接受各种神经冲动
2	告知学习目标	激活执行控制过程
3	刺激回忆已学过的内容	把先前学过的内容提取到短时记忆中
4	呈现刺激材料	有助于选择性知觉
5	提供学习指导	语义编码，提取线索，有助于激活执行控制过程
6	引出行为	激活反应器
7	提供行为正确性的反馈	建立强化
8	评价行为	激活提取，使强化成为可能
9	促进保持和迁移	为提取知识提供线索和策略

“双证书”教育课程应该将这九个事件，赋予更具有职业特征的内涵。

如在教学活动的第一个环节——引起注意中，根据职业教育课程教学目标多为形成技能、产生实物或成果的特点，在对学生的神经进行冲动刺激时，宜使用教学目标形成的成果，更易产生好的效果。如一件服装、一个计算机软件、一个合格的零件或一个不合格的零件等。

再如，在告知学习目标环节中，不宜采取简单的言语告知法，而要让学生在自己的实践过程中，通过对所发现问题的思考，确定学习目标。此时，学习目标已不是单方向灌输形成的，而是学生在自己头脑中，根据教学情境自行建构的。因此，这样的教学设计，从教学的开始阶段，就决定了学生的学习是其自主的行为，不是教师的要求，突出了以学生为中心的设计理念，为学生学习积极性和创造性的发挥奠定了基础。

在教学活动实施中，可以灵活选取表 5-3 中的教学方法，为提高教学实施效果服务。表中将教学方法划分为三类：组织和实施学习认识活动的方法、激发和形成学习动机的方法、检查和自我检查教学效果的方法，并阐明了各种教学方法在教学实施中的作用。

表 5-3　各种教学方法及作用

	组织和实施学习认识活动				激发和形成学习动机		检查和自我检查教学效果		
教学方法	口述、叙述、谈话、讲演、直观法、图示、演示、操作法、实验、练习、劳动	归纳法、演绎法、分析法、综合法	再现法、探索法、局部探索法、研究法	教师指导下学习活动方法、指导独立作业、书面作业、实验室作用、劳动作业	游戏教学讨论、创设道德体验情境、创设统觉情境、创设认识新奇情境	说明学习意义、提出要求、完成要求、练习、学习的奖励、对学习缺陷的责备	个别提问、面向全班的提问、口头考查、口试、程序性提问	书面测验、书面考查、书面考试、程序性的书面作业	实验室作业及其测验
教学作用	按传递和接受教学信息来源分类（感知的方法）	按传递和接受教学信息逻辑分类（逻辑的方法）	按学生掌握知识思维独立性分类（求知的方法）	按控制学习过程分类	激发学习兴趣	激发学习义务和责任感	口头检查	书面教学	实验室及实际操作的检查

(四)评估过程

教学结果的评价有三种形式：形成性评价、总结性评价和验证式评价。

1. 形成性评价实施设计

形成性评价是在某项教学活动的实施过程中，为使活动效果更好而不断进行的评价，它能及时了解阶段教学的效果和学生学习的进展情况、存在的问题等，便于及时反馈，及时调整和改进教学工作。

形成性评价应贯穿于整个教学过程中，其设计内容一般包括制订计划（主要是确定指标体系）、选择评价方法（测验、调查、观察）、试用设计成果和收集资料、归纳和分析资料、报告结果等几项工作。教育学家古勒（1980）总结了形成性评价设计的八个步骤[16]：

(1)目的

为什么实施评价？

(2)目标群体

谁是评价结果的受益者？

(3)问题

评价的主要问题或目标是什么？

(4)资源

实施评价所需要的资源是什么?

(5)数据

评价问题涉及的数据和信息是什么?

(6)数据收集方法

需要采用什么样的收集数据方法?

(7)分析

如何分析收集的数据?

(8)报告

评价报告如何写?写给谁?

按照以上八个步骤，可以设计有效的形成性评价方案。

形成性评价实施的手段多种多样，如问卷法、采访、观察法、录音记录等，可根据实际需要合理选择。

2. 总结性评价

总结性评价又称事后评价，一般是教学活动实施一个阶段后，为掌握学生达到学习目标的程度而进行的评价。总结性评价的主要工作是，从教学结果入手，考察学生能力状态与学习目标的符合程度，对被评价者取得的较大成果和整个教学方案的有效性进行评定。常用的评价形式是阶段测验(单元测验)、期末测验和综合实践课题研究等。

总结性评价从学生学习效果角度，反映了课程结构设计的合理性、课程内容设计的适切性、教学方法设计被学生接受的程度等问题，是课程进一步完善修订的重要参考。

3. 验证式评价

验证式评价是在总结性评价完成以后，对课程进行的进一步评价，通过该评价可以获得对教学设计的改进建议。形成性评价和总结性评价通常作为巩固教学质量的手段，而验证式评价常被用于对教学的有效性进行评价。教学实践中，常常会有这样的情况：一门课程完成后，学生的考核结果很理想，于是得到了课程设计及实施效果很好的结论。但是，随着学习的深入，逐渐发现学生在应该使用该类知识的场合，并不使用这些知识，原因是什么呢?如何改进原有的课程?这就是验证式评价的工作内容。

因此，验证式评价是对课程长期效果的评价。

三、“双证书”课程教学设计范例

(一)实训教学目标的编写方法

实训教学目标的描述要力求具体、清晰，可以观察和测量。因为教学目标不仅规定了教学的方向，同时也是衡量教学效果的标准，如果表达不清，一方面会因难以理解造成教学方向的偏差；另一方面也无法成为教学效果的量化标准。下面以细长轴零件数控车削加工实训项目为例，讲述和分析教学目标的编写方法。

根据课程目标，该项目的教学目标如下：

①根据零件尺寸、精度要求，正确选择加工设备、工装等；

②能正确判断毛坯精度对成品的影响结果；

③能正确安装、使用工装设备；

④能独立编制细长轴类零件加工工艺和数控加工程序；

⑤能制定细长轴类零件检验方案，并完成测量；

⑥能完成 IT8 级精度细长轴的加工。

通常一个教学目标的学业行为条件(情境的一部分内容)已经由课程内容决定了，因此编写具体的教学目标时，根据实际情况，这个要素可以省略，但在必须说明的情况下，应该进行阐述。

例如，教学目标②的内容是：能正确判断毛坯精度对成品的影响结果。其中“判断”一词代表了行为要素，“正确”代表了行为要达到的水平，学业行为条件因为与项目实施情境一致，故在此目标中被省略了。而在教学目标①中，则明确说明了该教学目标的学业行为条件是“根据零件尺寸、精度要求”，因为该教学目标是：根据零件尺寸、精度要求，正确选择加工设备、工装等，其学业行为条件更为具体，故需要进一步阐述。

(二)心智技能培养课程(项目)教学设计

心智技能主要是指人的认识活动，是在人的大脑内部借助于语言，对事物的印象进行加工改造的过程，表现为观察、分析、判断、决策能力等方面。在“双证书”课程中，心智技能主要表现为学习者独立完成学习任务的能力、知识的迁移能力、创造性解决问题的能力等。

心智技能的形成过程共三个阶段：原型定向—原型操作—原型内化。据此

规律，心智技能培养课程的教学过程设计模式如下所示：[17]

知识讲授——实践模式——独立操作——形成技能

↓　　　↓　　　↓　　　↓

前提——原型定向——原型操作——原型内化

①知识讲授——通过知识讲授，促进学生对新信息的加工，保证技能的形成、发展与应用，为促进各种技能的整合，为解决复杂的问题提供前提。

②实践——通过实践，使学生获得知识的应用情境、应用方式和应用策略，初步形成策略和技能的应用模式和应用程序，即原型定向。

③独立操作——在知识应用的情境中，让学生通过独立操作，感悟知识的应用，掌握应用技能和策略，形成利用知识原型完成职业工作任务的操作，即原型操作。

④形成技能——在形成原型操作能力的基础上，让学生完成新的工作任务。在此过程中，学生首先会使用独立操作阶段形成的原型操作能力，解决所遇到的问题。同时，在知识应用过程中，知识又不断地被内化，在学习者头脑中，形成观察、分析、判断、决策等能力，即发生了原型操作能力的内化。此外，学生还有可能遇到与原型操作不完全相同的工作情境，此时就要调动在原型定向、原型操作阶段学习的知识，通过知识迁移解决问题，从而锻炼和培养创造性解决问题的能力。

表 5-4 为心智技能类培养课程的教学设计范例。

表 5-4 《制定零件机械加工工艺》项目教学设计范例

步　骤	活动内容	教学目标	支架式教学策略
课题选定	1. 教师让学生了解制定零件机械加工工艺的过程； 2. 选定几个关键工作环节为学习主题。如“零件图等图纸分析、工具装夹方式、拟定工艺路线、设计工艺内容”等	事实和经验型知识的认知	搭建脚手架
学习方案设计	1. 制定学生学习计划； 2. 利用多种手段(如电子邮件、书面报告、网络课程等)与学生进行交流	情感——团队工作 技能——问题解决	搭建脚手架

续表

步　骤	活动内容	教学目标	支架式教学策略
探索研究	1. 教师提供多种课程学习资源，如课程网站、行业网站、图书资源、工程案例等； 2. 学生分组学习，并记录学习过程，产生工作任务解决方案	技能——判断、综合	进入情境、独立探索、协作学习
检验评价	1. 对学生的学习情况、学习经历、学习体会和感受进行指导、评价； 2. 学生自评及学习成果改进； 3. 小组评价及学习成果改进	情感——评价 技能——形成报告	协作学习、效果评价
形成报告	提交改进后的工作报告，留存备案	技能——完成报告并提交	

该范例在心智技能形成的原型定向阶段，通过教师对教学目标的讲解，使学习者了解和熟悉了制定机械加工工艺工作活动的结构，并使学习者在头脑中成功构建了该活动中知识应用的定向概念，为下一步的原型操作提供了内容控制条件。

在原型操作阶段的教学中，学生根据制定的学习计划，对多种学习资源中的各种资料进行学习和研究，运用相关知识产生工作任务解决方案。

在原型内化阶段的教学中，将上阶段产生的工作任务解决方案，灵活应用到零件的机械加工工艺设计过程中，使智力活动脱离书面语言形式，转向人的内部语言，形成思维层面的概念动作，实现原型的完全内化。此时，知识已经变成了学习者的心智技能，形成了以后从事职业工作的职业能力。

(三)一次课的教学设计(4 学时)

课程名称：机械加工零部件质量检验

课程类型：理实一体化课程

学习项目名称：阶梯轴尺寸检验

1. 项目在课程中的定位

①帮助学生建立零件加工质量意识；

②培养测量器具使用的基本能力；

③帮助学生实现认识(知识)向生产知识的转化；

④使学生学会使用相关技术资料，如工具书等，形成查阅工程技术资料的意识。

2. 课程设计思路

(1)内容选取依据

轴类零件是机械产品中最常用的零件，轴类零件的测量技术是机械加工人员的必备技能，游标卡尺、千分尺是产品质量检测使用的基础量具，其工作原理在角度测量仪等多种测量仪器中有广泛的应用，本内容对学习其他类型测量器具的使用也有较强的实用意义。

学生已经学习过了机械制图和极限配合的相关知识，具备了读懂零件工作图的能力。

(2)教学组织形式

设计依据：

课程内容涉及专业理论基础知识、测量技术和技能、素质养成等，故宜采用多种教学方法复合教学。考虑到学生的思维模式和接受能力，教学组织具体实施方案如下。

教学组织形式：

班级授课＋分组教学＋学生自主学习。

教学方式：

集中讲授＋分组实践交替进行，学生自主学习融入到教学过程中。

设计依据：

①基础类的共性知识，集中讲授；

②测量器具的使用能力必须通过实践达到，故分组实践；

③测量器具性能的熟悉程度，需要通过实践达到；

④学生通过团队工作，合作完成任务，有利于质量检测方案设计的完善，为今后工作中的团队合作打下基础，因此要有小组实践教学。

⑤学习能力、发现问题和解决问题的能力、工作态度等能力培养，要通过自主学习形式培养。

(3)学生自主学习体现

①学生自主完成质量检测指标分析，确定检测项目；

②学生使用游标卡尺和千分尺，完成各项精度检测；

③学生自主完成检验质量报告。

(4)教学评价
标准：能够独立完成一个轴类零件的质量检测。
考核指标：
①检验结果正确；
②检验指标完整；
③检验报告符合要求；
④选用仪器合理；
⑤检验现场管理符合要求；
⑥检验工作过程规范。
3. 课程目标
知识目标：
①能够说明游标卡尺的读数规则；
②能够说明千分尺的读数规则；
③能够说明测量器具选用知识；
④能够说明测量器具维护保养知识。
能力目标：
①能使用游标卡尺完成工件尺寸测量；
②能使用千分尺完成工件尺寸测量；
③能根据零件尺寸精度要求，合理选用测量器具；
④能对测量器具进行维护保养。
素质目标：
①形成工程技术资料使用意识；
②形成遵守操作规程的意识；
③形成工作现场管理意识；
④形成机械加工零件的质量意识；
⑤形成测量器具维护保养意识。
4. 课程内容设计
(1)典型工作任务：阶梯轴长度和径向尺寸测量
技术参数：尺寸精度等级 IT7
公差标注方式：
①直接标注公差；
②标注公差带代号。

(2)教学内容导入方式

问题引出：

提供阶梯轴图纸一张，提出如下问题：

◆零件加工完成后，如何知道零件的尺寸是否合格？

◆有多种尺寸测量器具，怎样选用？

(3)教学内容

①量具基础知识；

②如何使用游标卡尺测量；

③如何使用千分尺测量；

④零件质量要求分析方法和检验项目的确定方法；

⑤测量器具选用；

⑥质量报告填写；

⑦工作现场管理要求；

⑧学生学习总结；

⑨评价。

5. 教学组织

教学实施情境：测量技术实训室

(1)具体教学组织

具体教学组织形式见表5-5。

表5-5 教学组织形式

方式	自主学习＋分组实践＋集中讲授交替进行
过程	1. 教师通过问题和工作任务，引出教学内容，引导学生自主学习，产生问题意识； 2. 学生通过自主探索，与同组学生的讨论，解决遇到的问题，完成工作任务。

(2)教学过程组织基本思路

首选实践引导法，巧妙利用对学生在实践过程中提出问题进行答疑的机会，引导教学向预定方向运行。此时，教学内容变成了学生急切知道的问题答案，“教”与“学”的关系发生了转变，由教师要“教”变为了学生要“学”。其次，采用问题引导法，当学生没有提出与课程教学内容方向相关的问题时，教师可通过提问，引导教学活动沿预定方向发展。

例 1：教学内容：使用游标卡尺、千分尺测量阶梯轴尺寸

1. 学生主体的体现

(1)学生自主学习零件质量检验操作规程；

(2)使用量具检验指定工件，记录检测数据，获得检测结果；

(3)完成质量检验报告。

说明：在此过程中，教师要根据实际发生的教学情境，灵活设置问题情境，引导学生完成课程学习内容，并回答学生的相关问题。

2. 教师主导的主要教学方向

(1)游标卡尺、千分尺使用方法等方面的差异；

(2)游标卡尺、千分尺在测量尺寸精度方面的差异；

(3)游标卡尺和千分尺结构及功用、工作原理、技术参数等；

(4)质量检验报告的重要性。

3. 学生可能提出的问题方向(需要教师事前做好充分准备)

(1)测量器具结构方面的问题；

(2)测量原理方面的问题；

(3)量具使用方法问题；

(4)量具读数方法问题；

(5)测量精度问题；

(6)检验结果处理问题；

(7)量具选择问题。

例 2：教学内容：测量仪器选择

1. 教学导入

若量具选择不合理，零件检验结果是否会有变化？有什么变化？

2. 教学过程

(1)学生分别用游标卡尺和千分尺测量给定的工件尺寸。

(2)比较两次测量数据的异同，并找出原因。

(3)回答学生提问，讲授测量器具的相关技术参数及选择方法。

(4)学生分组实践

①按照测量器具选择方法，选定检验工件质量的测量器具。

②使用所选择的量具完成指定工件的质量检验。

(5)评价学习效果

6. 教学方法

(1)学生分析

在学习此内容前，学生已具备以下知识和能力：

已经掌握极限配合相关知识；具备机械零件图纸的识读能力。

(2)使用的教学方法

教学方法使用情况如表 5-6 所示。

表 5-6 教学方法使用情况

教学内容	使用的教学方法
基础知识	引导文法、启发式教学法、参与式教学法、自主学习法等
测量能力培养	体验式教学法、实践教学法、分组讨论法、角色扮演法、自主学习法等
工作成果自我评价	分组讨论法、角色扮演法、自主学习法等
学习总结反思	自主学习法、分组讨论法、教师点评法等

7. 教学条件分析与利用

具体教学条件见表 5-7。

表 5-7 教学条件一览表

教学条件种类	现　状	利用方式	满足教学情况
教师	1. 实训室现有指导教师 1 人，具有 10 年以上零部件质量检验工作经验 2. 授课教师 1 人，达到“双师”教师标准	教学组织、讲授、答疑、引导等	满足
设备、仪器	1. 0～150mm 游标卡尺 40 把，25～75mm 千分尺 40 把，用于零件尺寸实测，培养和训练学生的测量技能 2. 阶梯轴零件成品 2～3 种，每种数量＞20 个 3. 工作台 6 张，能容纳 40 人同时工作	零件测量实训	满足
场地	实训教室一间	教学用	满足
教材与学材	1. 被检测的轴类零件图纸一套，每套包括 8～10 个不同零件图纸，数量＞7 2. 课程讲义 3. 操作规程、检测报告等文字资料 4. 相关教学网站	自主学习，配合工作任务使用	满足

8. 教学效果评价

采用过程考核与结果考核相结合的原则。以“自评＋互评＋教师评价”的复合评价形式，对教学效果进行评价。结果评价包括5项内容，过程评价包括5项内容，其中能力评价指标占60%，态度评价指标占30%，专业修养评价指标占10%。具体评价指标见表5-8。

表5-8 学习效果评价表

指标		评价指标	分数	评价方式	评价依据
能力（60分）		测量结果正确	20分	互评＋教师评价	1. 学生提供的文件资料 2. 工作现场情况
		检验项目正确、完整	20分		
		工作场地管理符合要求	10分		
		遵守操作规程	10分		
素质（40分）	态度（30分）	积极参加讨论	10分	自评＋互评＋教师评价	1. 实践活动过程 2. 讨论过程
		思维活跃，有解决问题的思路	10分		
		工作主动，积极性高	10分		
	专业修养（10分）	形成了较强的质量意识	5分		
		具备了手册等工程资料的使用意识	5分		

第六章
课程质量评价策略

课程质量评价的目的是对课程本身及其课程活动价值进行判断。课程质量评价要与生产实践相结合，要有多元的价值取向和多样的评价手段，即评定不能采用“一刀切”的标准，要给课程发展和学生学习留有充分的选择余地。

一、课程质量指标控制法

课程质量指标控制法是建立在过程管理理念基础上的、利用检验指标对课程开发和运行工作质量进行自我控制的管理工具。[18]它十分适合学校层面的课程质量控制。影响课程质量指标控制法实施效果的关键因素有：

①评价指标体系的合理性；

②评价实施的连续性；

③评价主体的多元化。

(一)评价指标体系的确定

1. 构建评价体系的基本要求

一套良好的、科学的评价指标必须具有特定性(能反映课程的某个特质)、有效性(能测出想要的东西)、可靠性(具有统计上的信度与效度)、比较性(能用来比较不同课程或实施方式之间的差异)、可行性(评价人员可以在有限时间内获得指标值)与简明性(容易为众人了解)六大特征。

(1)评价指标设置原则

课程评价指标体系必须具有相当的开放性，以便在评价指标体系中随时反映科技进步、社会发展等因素的影响。评价指标要体现过程性评价，要看课程开发的整个工作过程是否科学、合理、严谨；要体现定性评价与定量评价相结合，实现评价项目与评价方法、手段的最佳匹配。

(2)评价项目

一个完整的职业教育课程评价指标体系，包括以下几个方面的评价：

①课程价值评价，主要是评价课程价值观是否符合职业教育课程与教学政策的要求；

②课程内容与实际需求吻合度的评价，主要审查课程内容对国家职业标准以及本区域职业技术发展程度的适应性；

③课程设计的评价，主要是对课程的知识表达方式是否与技术知识的特征相适应，是否有利于学生获得经验技术等方面的评价；

④课程实施性评价，是对影响课程转化为具体教学实践的过程中相关因素的评价；

⑤课程开发过程的规范性评价，是对课程开发过程中工作程序的规范性、课程内容设计方法的规范性、管理工作规范性、课程开发文件规范性等方面的综合审查。

各评价项目的具体内涵见表 6-1。

表 6-1 评价项目内涵

评价项目	评价内涵
课程价值评价	1. 职业资格证书课程纳入教学计划； 2. 证书课程考试大纲与专业教学大纲是否衔接； 3. 学生在获得学历证书的同时，是否能获得相应的职业资格证书； 4. 课程价值的时效性
课程内容与实际需求吻合度	1. 课程核心内容的来源； 2. 评价典型工作任务的质量，审查确定职业工作任务的过程是否规范，职业工作任务的知识、技能包容性是否适度，实施可行性如何； 3. 评价课程内容的适用性，审查课程内容的选择方向，是否与本区域人才需求的趋势相符合，课程内容知识、技术水平设置是否与本区域职业技术发展程度相当； 4. 评价课程内容的实践性、完备性、知识的准确性； 5. 是否有明确的关键能力培养内容； 6. 课程是否体现了继续教育性
课程设计	1. 课程知识表达体系设计评价； 2. 课程类型设计评价

续表

评价项目	评价内涵
课程实施性评价	1. 教师的能力水平以及对该任务的态度； 2. 学习者认知水平、学习态度、学习进度以及对课程的认识水平； 3. 教学资源开发利用情况，如教学场地、教学设备等是否满足课程要求，如不能满足，有无补救措施； 4. 教学环境是否达到了职业环境条件标准
课程开发过程的规范性评价	1. 课程工作小组成员的多元化程度； 2. 职业能力需求分析的程序规范性； 3. 教学组织设计的合理性； 4. 教学文件的齐全性

2. 评价指标体系

一个完整的课程质量评价指标体系一般由指标项目、标准、量表和指标权重等元素组成。课程质量评价指标应反映两个方面的内容，一是主体价值评价，二是客体价值评价。课程主体价值评价是对课程需求主体价值的评价，如社会需求、企业需要、学习者需求等；客体价值评价是指课程本身质量的评价。"双证书"课程质量评价指标体系的主要内容和评价标准详见表 6-2。

表 6-2 评价指标体系

评价内容	评价指标			评价标准
课程目标	课程目标	主体价值	社会需要	符合职业教育培养目标
			职业需要	符合国家职业标准和企业用人要求
			学生需要	符合学生个性发展和就业需要
		客体价值	能力取向	体现具体的职业工作能力
			描述与呈现形式	活动+行为标准+行为条件
			内容全面性	基本职业能力+关键能力+人本素养
课程设计	课程内容	主体价值	社会需要	适应社会发展和科技进步要求
			职业需要	符合职业技术发展水平
			学生需要	适应学生身心发展水平和就业要求

续表

评价内容	评价指标			评价标准
课程设计	课程内容	客体价值	内容来源	1. 调研 2. 国家职业标准 3. 实践专家研讨会
			支持课程目标	对课程目标的实现，提供有效支持
	课程设计	主体价值	学生需要	符合学生认知规律
			教师需要	有利于教学实施
		客体价值	结构设计	内容结构完整、科学
			图文设计	图文比例合理，与内容表述特点相符
			知识表述	呈现方式符合课程内容特点
实施设计	师资队伍		队伍结构	满足“双师型”要求
			企业实践经历	有2年以上企业工作经验
			学术水平	符合专业教学要求
	场地及设备		教学场所	满足课程实施需要
			设备数量	满足分组学习需要
			工装、量具及辅助材料	满足实训需要
工作规范性	工作程序		工作程序完整性	符合课程开发工作规范要求
			工作程序顺序性	符合课程开发工作规范要求
			工作方法手段适用性	符合课程开发工作规范要求
			阶段工作成果完整性	符合课程开发工作规范要求
			工作方法手段适用性	符合课程开发工作规范要求
	文件齐全性		教学指导文件	齐全、格式符合要求
			课程基础文件	齐全、格式符合要求
	文件规范性		教学指导文件	齐全、格式符合要求
			课程基础文件	齐全、格式符合要求

(二)实施连续性评价

课程质量评价的连续性是由“双证书”课程的动态性决定的。“双证书”课程具有很强的时代感，在课程内容上，紧随职业技术的发展而变动；在能力目标要求上，依据社会职业的要求而调整；在知识选取上，依据该领域科学技术的发展而取舍；在教学设施上，依据教育技术的发展而更新；在教学实施中，依据学生的特征，不断更新调整教学组织及方法。因此，“双证书”课程质量应在课程开发、实施的全过程开展连续性评价，分阶段设置评价环节。

1. 前期工作阶段评价

前期工作阶段评价包括两次评价：一是对基础工作阶段工作质量的评价，二是对后续工作阶段工作质量的评价。

(1)前期工作阶段评价一 ——基础工作阶段评价

基础工作阶段评价是对组建课程开发工作小组、行业调研、职业能力需求分析、专业课程总体设计等环节的评价，是整个课程开发过程的首个评价环节。评价的目的是判断本阶段工作的质量是否达到工作标准、是否为下一阶段工作的顺利进行奠定了良好基础。评价工作主要内容和细则见表 6-3。

表 6-3 基础工作阶段评价的内容

评价内容	评价条目
课程开发工作组的规范性	1. 组内的专家组成成分 2. 专家工作背景和能力 3. 专家的工作责任心 4. 工作组工作机制健全性
行业调研质量	1. 调研企业所在区域、类型、数量 2. 调研资料的齐全性 3. 调研资料的准确性 4. 调研报告结论的正确性
课程体系产生的基础	1. 实践专家研讨会产生的文件、材料的齐全性 2. 实践专家研讨会总结报告质量 3. 国家职业标准分析报告质量

(2)前期工作阶段评价二 ——课程设计工作阶段评价

课程设计工作阶段评价是对编制课程标准、课程内容设计、课程资源开发利用等环节工作质量的评价，并要对基础工作阶段对该阶段工作的影响与服务效果进行评价，是课程能否进入实施阶段的结论性评价。评价的主要对象是课程开发过程和课程整体系统设计。评价主要从以下几个方面进行：课程计划与培养目标的一致性、课程与职业需求的符合程度、课程对学生职业能力成长的帮助、课程教学的组织安排，以及课程目标是否与培养目标相符、课程材料(核心成分是教材、学材)准备得是否充分、课程的纵横向组织结构是否合理等。表 6-4 是课程设计工作阶段的详细评价条目。

表 6-4 课程设计工作阶段评价的内容

评价内容	评价条目
编制课程标准	1. 课程目标与培养目标的一致性 2. 课程内容与职业需求的符合程度 3. 课程对学生职业能力成长的帮助
课程设计	1. 课程内容选取的合理性、实用性 2. 课程内容组织结构的合理性 3. 教学单元划分、教学时间安排的合理性 4. 教学实施过程的可行性
课程资源开发利用	1. 课程教学资料(核心成分是教材、学材)的充分性 2. 教学手段与教学实施的匹配情况 3. 教学设备与课程实施要求的匹配情况 4. 校内课程资源开发利用方案 5. 校外课程资源开发利用方案
课程开发工作过程	1. 课程开发工作程序的规范性 2. 各项基础资料的真实性、可靠性以及完整性 3. 课程文件的规范性 4. 对课程实施的建议

2. 后期工作阶段评价

后期工作阶段评价主要是对课程实施的效果(主要评价学生的学习结果)的评价，具体的评价指标体系、评价方法可参照课程论中的相关原理和方法确定。

(三)选择多元化的评价主体

“双证书”课程是面向学校学生、企业职工、社会求职者等众多需求者的课程，其课程目标和内容是否能满足各种需求者的需要，必须得到课程需求者的认可。因此，教育管理者、企业、关注课程的社会团体、教师、课程专家、学生以及家长等都应成为课程质量评价的主体。多元评价主体共同参与学校课程计划的制定、实施和评价活动，在评价工作中担负不同的工作任务，有利于反映各利益相关方的要求和思想，有利于从不同的角度对课程价值进行评价，有利于课程内容的不断完善和提高。其主要评价主体应承担的工作任务是：

(1)教育管理者的任务

教育管理者通常都掌握着较多的教育教学信息，掌握着校内外课程资源信息以及课程相关资源信息等，同时在国家教育政策的研究方面也具有优势。因此，在评价过程中，其主要任务是审查课程是否具有正确的课程观，价值取向是否与国家职业教育政策导向一致，课程内容是否与专业人才培养目标一致，并对课程实施的可行性、教学资源准备的充分性、教师及学生能力对课程的适应程度、课程实施中可能出现的问题、解决问题的预案等方面进行全方位地评价。

(2)教师的任务

教师是课程的实施者，他们在评价中的主要工作是：评价课程内容结构设计是否合理，是否有利于学生接受；课程内容选择是否全面，能否涵盖课程目标的要求；所包含知识是否与社会生产力发展水平相适应，是否满足学生职业发展的需要；教学组织、教学形式、教学手段等是否满足课程目标的要求；教学时间有无冗余，课程预期效果是否合理等。

(3)行业(企业)专家的任务

行业(企业)专家对高职专业课程的评价代表了社会阶层对课程的看法。这些专家对职业领域所需要的技能最熟悉，因而最有发言权。他们的主要任务是：从生产实践需要的角度，评价课程的能力目标层次是否能够达到相应的职业等级所要求的水平；课程选择的能力培养项目是否符合岗位实际需要；课程教学模式与职业人才成长规律是否一致等。

(4)职业技能鉴定机构的任务

职业技能鉴定机构是最关注职业教育专业课程的社会团体之一，它们在课程评价中的作用是：依据国家职业标准，鉴定课程包含的知识内容是否覆盖了国家职业标准的要求；技能项目及目标是否达到国家职业标准的要求；教学设施和条件是否满足国家职业标准要求；考核和鉴定的程序和形式是否符合国家规定。

课程评价主体的多元性决定了没有哪一方能够成为评价结果的决定性力量，课程价值的人文精神追求，决定了各主体在评价中的工作职责一定是相互交叉的，一部分评价内容一定是重叠的，因此各评价主体之间的协调、交流和磋商是必须完成的共同任务，这是课程质量评价的各主体的共同职责。

二、课程质量评价策略

为了使课程质量评价结果准确、公正，必须使评价手段与学习目标相匹配。“双证书”教育课程的评价，要求与生产实践相结合，这给评价工作带来了许多可变因素，因此选择评价手段时，要充分考虑各种因素对评价结果的影响，合理选择评价手段。

(一)确定评价手段的过程

确定评价手段时，首先要考虑以下几个问题：

①所评价的学习目标是什么类型的？

②采用的评价手段是否贴近现实？

③评价手段促进什么学习方式？(如自主学习方式、理论与实践相结合的学习方式、书本学习方式等)

④学生的心理素质是否成为评价的一部分内容？

当以上问题确定后，根据被评价的内容即可选择评价手段。

1. 认知类知识的评价

在“双证书”教育课程中，认知类知识的涵盖面广，但深度并不大，一般宜采用选择题、是非题、简答题等评价方式，测量对知识的认识和理解水平。这种形式的评价，客观、公正、可靠、省时，并易于自动化处理，可以迅速得到成绩反馈。

认知类知识的主观评价，是对学生复杂的高阶思考活动的评价，宜采用论述题等方式进行，此种评价方式还可以评价学生的调研和资料综合能力。

2. 对于技能、素质等表现类内容的评价

技能、素质等表现类内容评价分为：直观的知识应用和技巧的评价，如界定问题；查找问题等解难技巧的评价；执行设计方案、实施干预能力的评价三个方面。评价的手段有：

①采用日志、日记等形成性评价手段；

②采取展示和展览等较为公开的形式；

③将报告、日志、作品结集；

④实时演示，即采取表演、操作、讨论等实践行动。

表现类课程内容评价从表面看，是在评价学生的行为、态度等显性行为，从心理学的角度看，这种评价实质上是对学生的心理动作技巧、意志、品德、创意的一种评判，一般需要用较多的材料作为佐证。例如，通过学生的学习报告或个体工作日志，可以评价学生资料组织和反思自身表现的能力；通过操作记录和日常的专业操作过程，可以从中回顾学生操作背后的思想动机；口头报告可以评价铺陈论据和带领讨论的能力。因此，表现类课程内容评价，要求学生保存日志和学习过程中产生的其他资料。

表现类评价的另一个注意事项是，必须拟定评分量表，并尽早公布，同时安排热身评价活动，由学生试评，体会评价指标的内涵。表现类内容的评价适用于一个较大的综合活动结束后，一般不适合用做单元评价。

(二)评价技术选用

课程评价技术的选用，应根据课程组成成分灵活确定。有专家根据课程的不同组成，把被评价课程分为：可观察的课程(Observed curriculum)、课程成果(Curriculum outcomes)、意图课程(Intended curriculum)以及课程背景(Curriculum context)，并分别列出了它们重点使用的评价技术和方法，如表6-5所示。[19]

表6-5 用于评价课程不同成分的技术

课程成分	资料收集和分析技巧	
可观察的课程	1. 直接观察 (1)结构式观察 ①行为抽样； ②事件抽样； ③即时抽样； ④间距抽样 (2)非结构式观察 ①田野笔记； ②轶事； ③日记	2. 间接观察 (1)面谈； (2)问卷； (3)学生日记 (4)非干扰性测量 ①教学片断回忆； ②档案； ③设计观察法(如利用录音)
课程成果	评估方法： (1)书写测验； (2)口试、听觉考试； (3)设计作业、实用性考试	质性取向： (1)紧密观察； (2)临床式访问； (3)构念积储格法(repertory grid) 其他方法(如评估非认知学习、态度等)： (1)问卷； (2)访谈

续表

课程成分	资料收集和分析技巧
意图课程	课程回顾和规划：课程材料的分析 1. 课程回顾 (1)检核清单工具、评序尺度 (2)慎思(deliberation)及磋商(negotiation) 2. 材料分析 (1)目标分析 (2)内容分析 (3)文本分析(textual analysis) (4)可读度(readability) (5)慎思
课程背景	学习环境的了解(如社会因素、学校文化) 1. 检核清单工具(范围：学校环境、学校气氛、员工、学生、师生关系、学校与社区等) 2. 参与观察法 3. 学校为社会再生产的场所

“双证书”教育课程体系中，基础理论课程、理实一体化课程、实训课程、专题课程、顶岗实习等，都可以按照表 6-5 所示的评价技术确定课程的评价策略，进而建立课程评价体系。

第七章
“双证书”课程规范化开发实施方案

“双证书”课程规范化开发的实施方案由八个工作项目组成。该方案对“双证书”课程开发过程中，工作程序规范化、课程内容设计方法规范化、课程开发管理工作规范化、课程开发文件规范化四个方面的工作目标、应达到的标准和工作步骤，以及相关文件的内容、格式等做了详细说明。

一、工作项目一 成立课程开发工作组

工作项目一的任务有两个。一是按照相关规定，确定课程开发工作组成员的组成成分；二是选定和邀请参加课程开发工作的校内外的相关专家。

课程开发工作组应由学校课程开发管理部门批准成立，并以文件形式正式发布。同时，应向被选定参加课程开发工作的校内外专家发出邀请函，并详细说明工作内容，以保证他们有充足的时间和精力参加课程开发工作。

(一)工作要素

1. 人员

指课程开发工作组的成员。为保证课程开发质量，工作组成员要包括课程专家、内容专家、职业技能鉴定专家、实践专家。

2. 工作机制

指课程开发工作组的工作模式、工作方法、工作制度等。如工作组成员是兼职工作还是专职工作，每周的工作时间等方面的规定。

(二)工作标准

1. 成立课程开发工作组

以文件形式确定成立课程开发工作组，明确工作组人员数量及组成成分。工作组成员组成符合表 7-1 规定的要求。

表 7-1 课程开发工作小组成员选用标准及职责[20]

专家类别	选用标准	工作职责	数量
课程专家	1. 熟悉职业教育课程开发的各个环节，掌握与课程相关的职业(或岗位)能力要求及其发展趋势； 2. 具有教育学、心理学或课程论等知识背景； 3. 作为主要负责人完成过一门以上的课程开发任务，具有较丰富的课程开发经验； 4. 一般应为高等职业院校教师或教育研究专家	1. 拟定课程方案； 2. 课程开发原则、取向的协调与把握； 3. 在课程开发、设计、规划等技术层面提供服务； 4. 保证实现工学结合的课程； 5. 提供学校支持环境信息	1～2
实践专家	1. 具有与课程相关的职业活动的丰富经验，一般工作年限在 6～10 年以上，且有本职业 2～3 个岗位的工作经验； 2. 接受过高职或同等水平课程教育； 3. 一般应为生产一线工作人员，如班组长、工段长或基层部门负责人、技师等； 4. 所在企业该职业的技术水平在本区域有较强的代表性	1. 提供职业能力成长经验； 2. 总结、归纳并提出职业工作任务； 3. 协助内容专家完成教学情境设计； 4. 确定课程教学设施、设备标准	2～3
内容专家	1. 具有"双师"知识、能力结构，掌握本区域该职业(或岗位)技术的发展现状和趋势； 2. 长期从事与课程相关职业的教学与研究工作，一般工作年限在 10 年以上； 3. 熟悉与课程相关的各学科领域知识，专业综合能力较强，一般应从事过三门以上相关专业课程的教学； 4. 一般应为高等职业院校教师	1. 协助实践专家总结、提炼职业工作任务； 2. 根据职业工作任务提出学习情境设计方案； 3. 负责课程知识选择、编排等具体工作； 4. 负责教学设计工作； 5. 提供学生相关信息	2～3

续表

专家类别	选用标准	工作职责	数量
职业技能鉴定专家	1. 熟悉国家职业标准内容； 2. 熟悉职业技能鉴定工作； 3. 一般应为国家职业技能鉴定机构工作人员； 4. 具有认定课程与职业晋级培训同等效力的权力	1. 鉴定课程内容与国家职业标准要求的一致性； 2. 认定课程作为职业晋级培训的有效性； 3. 从职业鉴定要求角度提出对课程的建议	1～2

2. 建立切实可行的工作组工作机制

(三)工作步骤

工作项目一的工作步骤如图 7-1 所示。

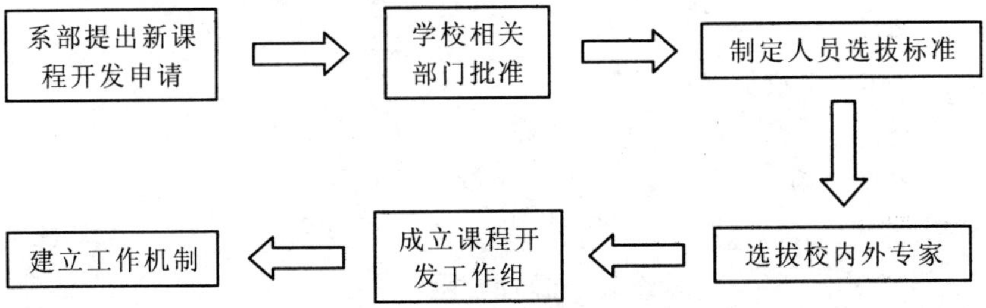

图 7-1 工作项目一工作步骤

(四)工作成果

1. 成立课程开发工作组

2. 制定了有关课程开发工作组运行的规定和制度，以及工作程序、工作内容等方面的规定

(五)文件样本

1. 课程开发工作组成立文件

关于成立××××××专业《××××××》课程开发工作小组的通知

（正　文）

（发布部门）
年　月　日

附：工作小组成员名单

2. 专家邀请函

邀请函

×××专家：

您好！特邀请您担任我院××××××专业《××××××》课程开发项目工作组成员，负责××××××工作，感谢对我们工作的支持和帮助。

您的具体工作内容如下：

（略）

（邀请部门）
年　月　日

二、工作项目二　行业(企业)调研

行业(企业)调研是获得本专业所在行业(企业)的相关信息的重要手段，职业技术水平现状及发展趋势、从业人员职业能力要求倾向、从业人员需求量等情况均可以通过调研获得。

(一)工作要素

1. 行业(企业)

指与本专业或本课程人才培养相关的行业(企业)。

2. 调研任务

指调研工作的具体要求。

(二)工作标准

1. 每个行业选择2～4家不同规模、不同技术水平的企业作为调研样本；

2. 课程开发工作小组成员承担调研任务，必要时可委托专门机构进行调研；

3. 完成调研报告。

(三)工作步骤

工作项目二的工作步骤如图7-2所示。

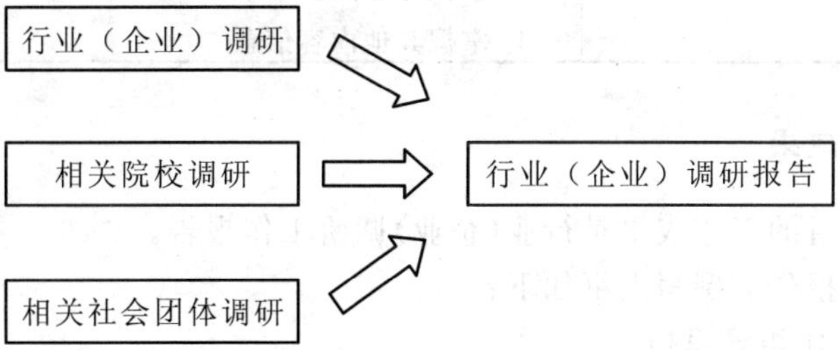

图7-2　工作项目二工作步骤

(四)调研方法

不同调研方法适用于调研不同类别的内容，适宜的工作方法可以使调研工作的效率更高，调研结果更可信。表7-2是各类调研方法适宜的调研内容。

表 7-2 调研方法及任务[21]

方式	主要参加人员	工作目标	人数
座谈法	产品开发人员、人力资源管理人员、设备管理人员、车间主任、高级技师等	1. 了解中短期产品开发战略，确定职业技术变化与发展趋势 2. 掌握企业内部人员培训情况，近年人才需求情况 3. 了解企业设备发展战略 4. 了解生产管理、运行方式的变化趋势 5. 掌握职业能力的成长规律	5～8
文献分析法	课程开发组成员	1. 学习国内外先进经验 2. 进一步确认企业调研分析结果的准确性、正确性 3. 形成新的课程开发指导思想	5～8
访谈法	1. 车间一线工作人员 2. 相关岗位工作人员 3. 企业管理人员	1. 了解本职业在企业中的地位、作用 2. 了解本职业与其他职业间人员的联系、交流等情况 3. 了解与本职业相关的其他信息 4. 了解岗位职责	随机
问卷法	本职业从业人员	1. 掌握常见职业工作任务 2. 掌握常用的职业工作内容 3. 掌握专业知识水平 4. 掌握其他内容信息	10人以上

(五)工作成果

本工作项目的工作成果是行业(企业)调研工作报告。

调研工作报告的撰写大纲如下：

1. 调研工作指导思想

主要阐述调研工作基本思路、方法以及目的，说明调研企业模型选择原则。

2. 行业现状及发展

(1)区域内行业基本情况

指行业经济技术发展水平的现状及短、中期发展趋势，如行业内企业数量，企业规模、产值、设备数量及技术水平，产品类型及技术进步，劳动生产率等情况。

(2)行业相关职业(岗位)基本情况分析

专业对应的职业(岗位)、从业人数、技术水平要求；目前从业人员的年龄、技术等级结构分布情况；对学历、职业资格证书的要求；工资收入等。

(3)职业(岗位)工作要求分类

按照不同行业、不同企业职业(岗位)工作内容的不同进行分类：

①依据不同的劳动对象分类；

②依据不同的劳动工具分类；

③依据不同的工作职责分类。

3. 职业人才供需情况

从以下几个方面对调研的职业岗位设置、人员需求数量、人员技术水平及结构分布、“双证书”取得情况进行分析。

(1)行业及重点企业相关职业(岗位)人员需求情况；

(2)未来3～5年内从业人员需求情况；

(3)区域内同层次院校相同或相近专业(职业)学生培养情况；

(4)其他渠道流入区域内企业的从业人员情况；

(5)在岗从业人员“双证书”情况，及未来需求情况。

4. 本校毕业生从业情况反馈

(1)近三年毕业生就业专业对口率及原因分析；

(2)近三年毕业生就业企业类型及岗位(指专业对口学生)；

(3)企业对毕业生职业工作能力的反馈意见。

5. 企业对教学工作的建议

6. 课程改革建议

(六)调研表及样式

1. ××××××专业职业岗位情况调查表

专业工作岗位情况调查表式样，如表7-3所示。该表主要关心以下问题：

(1)专业毕业生面对的主要岗位及变化情况；

(2)岗位职业能力要求情况；

(3)“双证书”取证情况。

通过该表，可以了解本专业对应职业岗位的现状及未来发展趋势，掌握企业的用人要求，从而确定人才培养方向。

表 7-3　××××××职业工作岗位情况调查表

企业名称：	
1. 您所在企业哪些岗位需要本专业毕业生？	2. 这些岗位对应的最重要的能力要求是什么？
3. 三年内新出现的本专业对应工作岗位有哪些？	4. 用人量最大的岗位是什么？
5. 最缺人的岗位是什么？	6. 企业认可的职业资格证书有哪些？
实践专家：	日期：

2. 实践专家个人职业历程调查表

实践专家个人职业历程调查表式样，如表 7-4 所示。该表的内容显示了一个人从初学者到职业专家的发展轨迹，通过对这些信息的分析研究，可找寻该从业人员职业能力成长规律，用于指导专业课程体系设计和教育教学工作。

表 7-4 实践专家个人职业历程调查表

<table>
<tr><td colspan="2">姓名</td><td></td><td>性别</td><td></td><td>年龄</td><td></td><td>电话</td><td colspan="2"></td></tr>
<tr><td colspan="2">职务</td><td></td><td>职称</td><td></td><td>学历学位</td><td></td><td>E-mail</td><td colspan="2"></td></tr>
<tr><td colspan="2">毕业院校</td><td colspan="4"></td><td>所学专业</td><td colspan="3"></td></tr>
<tr><td colspan="2">工作单位</td><td colspan="4"></td><td>工作岗位</td><td colspan="3"></td></tr>
<tr><td rowspan="6">个人职业历程</td><td></td><td colspan="2">排列您职业发展的重要阶段</td><td colspan="2">所完成的代表性工作</td><td colspan="2">成功晋级的契机或原因</td><td colspan="2">提高职业能力的方式</td></tr>
<tr><td>第一阶段</td><td colspan="2"></td><td colspan="2"></td><td colspan="2"></td><td colspan="2"></td></tr>
<tr><td>第二阶段</td><td colspan="2"></td><td colspan="2"></td><td colspan="2"></td><td colspan="2"></td></tr>
<tr><td>第三阶段</td><td colspan="2"></td><td colspan="2"></td><td colspan="2"></td><td colspan="2"></td></tr>
<tr><td>第四阶段</td><td colspan="2"></td><td colspan="2"></td><td colspan="2"></td><td colspan="2"></td></tr>
<tr><td>第五阶段</td><td colspan="2"></td><td colspan="2"></td><td colspan="2"></td><td colspan="2"></td></tr>
<tr><td colspan="2">对您的职业发展历程影响最大的事件是什么?</td><td colspan="8"></td></tr>
</table>

3. ××××××专业工作岗位需求能力调查表

表 7-5 是专业工作岗位需求能力调查表，表 7-6 是专业岗位及工作能力需求汇总表。专业工作岗位能力需求是职业人才能力要求的直接反映，通过对不同类型、不同技术水平、不同行业企业同一职业岗位的调研，从中挑选出最具价值的岗位能力要求项目，指导专业课程体系建设和课程建设。

表 7-5　××××××专业工作岗位需求能力调查表

企业名称：					
工作能力项目	评价				排序
	很重要	较重要	一般	不重要	
实践专家：	日期：				

表 7-6　××××××专业岗位及工作能力需求汇总表

序号	岗位名称	能力要求	选择结果
汇总人		调查企业数量	日期

4. ××××××专业人员素质(养)调查表

表7-7是人员素质(养)调查表。人员的素质(养)是职业能力的重要组成部分，一个只掌握专业技术，而基本素质(养)缺乏的人，不能称为合格的职业工作者。通过该调查，可进一步明确职业人员素质(养)培养的目标和方向，获得实践专家对素质(养)培养方法的建议。

表7-7 ××××××专业人员素质(养)调查表

企业名称：	
1. 您认为该职业从业人员的基本素养有哪些？	2. 您最看重的基本素养是什么？(按重要性排序)
3. 您认为目前学生普遍存在的素质缺陷是什么？	4. 您对学生素质培养的建议：
实践专家：	日期：

5. ××××××专业课程调查表

表7-8是对专业拟开设课程对职业能力培养所产生价值大小的情况调查表。来自不同企业的实践专家，根据在自己职业生涯历程中获得的经验和体会，独立地对拟开设课程的价值进行评判。最后，经统计处理后的调查结果，可作为构建课程体系的重要参考。以此为基础确定的专业课程体系，具备简洁、实用、高效的特征。

表 7-8　××××××专业课程调查表

企业名称：	
拟开设课程列表	建议开设课程（写出课程编号即可）
	除表中列出的课程外，您认为还需要开设的课程名称：
实践专家：	日期：

三、工作项目三　职业能力需求分析

职业能力需求分析是确定专业培养目标和课程标准的一项重要基础工作。该项工作的工作目标是，确定专业所要求的特定职业能力培养目标和关键能力培养目标。其工作路径有三条：行业（企业）调研工作报告分析，实践专家研讨会总结报告分析，国家职业标准研究分析。

（一）工作要素

1. 国家职业标准

指由人力资源与社会保障部颁布的通用工种的国家职业标准和行业特有工种的国家职业标准。

2. 实践专家研讨会

指为实施课程开发工作，而组织召开的专门会议。主要参会人员是在相关职业领域中，有丰富经验的职业工作者。

(二)工作标准

1. 完成了特定职业能力培养目标的确定工作；

2. 完成了关键能力培养目标确定工作；

3. 完成了相应的国家职业标准分析报告(专业所覆盖的所有职业，均应有单独的分析报告)；

4. 召开了实践专家研讨会，并完成总结报告。

(三)工作步骤

工作项目三的工作步骤如图 7-3 所示。

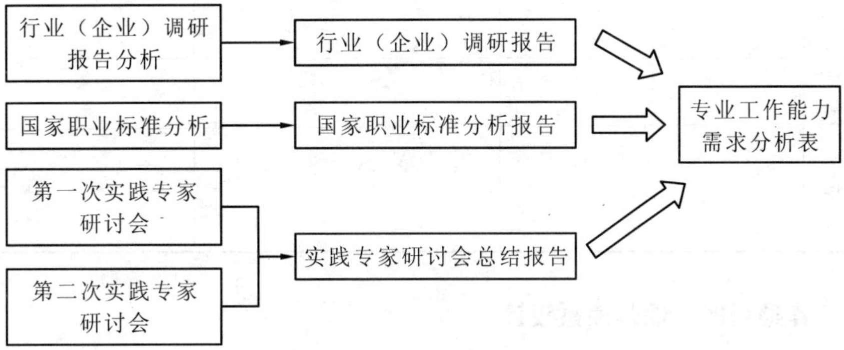

图 7-3 工作项目三工作步骤

(四)工作成果

1. 国家职业标准分析报告

根据“双证书”课程开发规范化的要求，国家职业标准分析报告是一个标准化格式的文件，撰写实例详见第八章。

2. 实践专家研讨会总结报告

根据“双证书”课程开发规范化的要求，实践专家研讨会总结报告是一个标准化格式的文件，撰写实例详见第八章。

(五)××××××专业职业能力需求分析表

专业职业能力需求分析表样式见表 7-9。

表 7-9　××××××专业职业能力需求分析表

	国家职业标准规定的职业能力要求	根据调研情况确定的职业能力要求	实践专家研讨会确定的职业能力要求
专业能力要求			
素质(养)要求			
扩展能力要求			

四、工作项目四　课程体系设计

课程体系设计的任务是建立课程体系框架，确定课程类型和课程目标。课程体系建立的依据是职业能力需求分析；确定课程类型的依据是课程内容特性，如实践性强的课程可采用项目课程，技术性较强的内容可采用专题课程等形式。

(一)工作要素

1. 课程体系

指为实现专业人才培养目标所构建的“双证书”教育课程体系。

2. 课程

构成课程体系的单门课程。

(二)工作标准

1. 建立了与专业人才培养目标相适应的“双证书”课程体系；
2. 确定课程数量和课程目标；

3. 确定课程类型，其形式要与课程内容相适应，保证做到易学易教。

(三)工作步骤

工作项目四的工作步骤如图 7-4 所示。

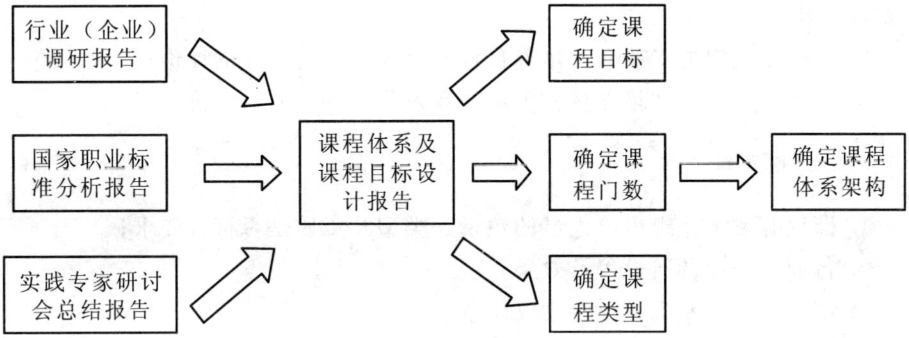

图 7-4 工作项目四的工作步骤

(四)工作成果

该工作项目的成果是课程体系及课程目标设计报告。根据“双证书”课程开发规范化的要求，课程体系及课程目标设计报告是一个标准化格式的文件，撰写实例详解第八章。其撰写大纲如下。

1. 课程体系总体框架

主要说明构成专业课程体系的课程种类有哪些，如公共基础课程、理实一体化课程、项目课程、专题教学课程、素质教育课程等。通过对课程种类的比较分析，可以判断专业课程设置对学生能力培养，是否体现了在专业技能培养、素质培养、实践能力培养、创新能力培养等方面的全方位培养。

2. 专业课程体系设计

主要说明本专业具体课程的开设情况。

3. 职业资格证书

列举出本专业应取得的职业资格证书种类，说明与职业资格取证相关的课程以及取证要求。

4. 专业课程目标设计

详细列出课程的培养目标，以便于下一步编制课程标准及教学资料。

五、工作项目五　基础工作阶段质量评价(评价一)

第一次评价的主要任务是：

1. 对课程开发基础工作阶段所开展的各项工作的质量和进度、工作程序的规范性的评价；

2. 对初步确定的专业人才培养目标的合理性、发展性的评价；

3. 课程对实现人才培养目标保障的有效程度等方面的评价。

(一)评价对象

1. 课程开发工作组组成人员的数量、类型及资质是否符合要求；

2. 行业、企业调研过程及效果；

3. 第一次实践专家研讨会会议质量；

4. 国家职业标准的分析工作质量；

5. 课程体系(草案)合理性。

(二)评价程序

工作项目五的工作步骤如图 7-5 所示。

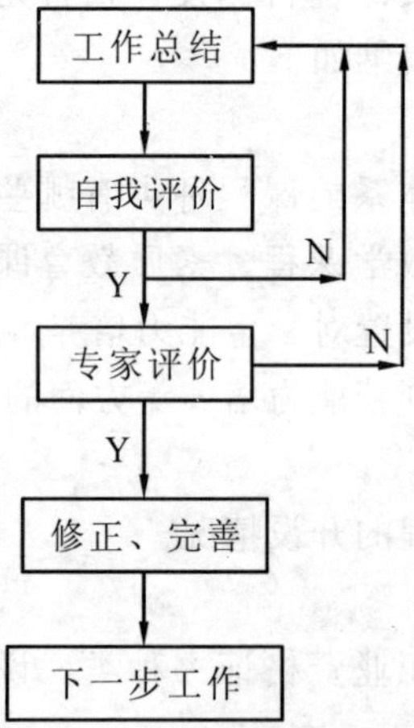

图 7-5　工作项目五的工作步骤

(三)评价标准

基础工作阶段(评价一)的评价指标体系和标准详见表 7-10。

表 7-10 课程开发质量基础工作阶段评价(评价一)

一级指标	二级指标	评分标准		
		优秀(90～100)	良好(80～89)	中等(70～79)
组织机构	人员结构	人员组成结构多元化，符合工作规范要求	人员组成结构多元化，与工作规范相符程度达85%	人员组成结构不符合工作规范要求，但相符程度达70%以上
	成员资质	有课程开发工作经历的人员比例达到80%	有课程开发工作经历的人员比例达到70%	有课程开发工作经历的人员比例达到50%
调研	院校调研	≥10	≥8	≥6
	行业企业调研	1. 调研行业≥3或 2. 调研企业≥10	1. 调研行业≥2或 2. 调研企业≥8	1. 调研行业≥2或 2. 调研企业≥6
	其他调研	有	有	无
国家职业标准分析	所选职业对培养目标覆盖率	100%	≥85%	≥70%
	分析报告质量	1. 职业分析数量符合要求； 2. 结论合理，充分地体现了所服务区域的职业技术要求和发展趋势	1. 职业分析数量符合要求； 2. 结论合理，较好地体现了所服务区域的职业技术要求和发展趋势	1. 职业分析数量符合要求； 2. 结论较合理，基本体现了所服务区域的职业技术要求和发展趋势
实践专家研讨会	工作程序完整性	1. 工作程序完整，符合相关工作规范要求； 2. 各工作程序工作内容无缺失	1. 工作程序完整，符合相关工作规范要求； 2. 个别程序中工作质量不高	1. 工作程序基本完整； 2. 非重要工作程序中工作质量不高
	方法手段适用性	工作方法手段有利于工作成果的获得，与之完全相匹配	工作方法手段有利于工作成果的获得，与之较匹配	工作成果获得的方法手段基本合理
培养目标	特定职业能力目标	1. 符合相应的国家职业资格标准规定； 2. 与专业培养目标吻合	1. 符合相应的国家职业资格标准规定； 2. 与专业培养目标较吻合	1. 基本符合相应的国家职业标准规定； 2. 与专业培养目标较吻合

续表

一级指标	二级指标	评分标准		
		优秀(90～100)	良好(80～89)	中等(70～79)
培养目标	关键能力目标	1. 符合相应的国家职业标准； 2. 充分体现出参与创新工作能力培养； 3. 充分体现出终身学习理念培养	1. 符合相应的国家职业标准； 2. 体现出较强的参与创新工作能力培养； 3. 体现出较强的终身学习理念培养	1. 基本符合相应的国家职业标准； 2. 体现出一定的创新能力培养； 3. 体现出一定的终身学习理念培养

注：未达到以上标准的为较差，不能通过课程开发质量评价，需重新对课程开发过程进行完善。

六、工作任务六　课程设计

课程设计工作的首要任务是编制各门课程的课程标准，为课程内容设计做好准备。在此基础上，根据课程标准的要求，综合考虑社会职业、学生、专业技术知识等对课程的要求，以提高学生职业能力为目标，确定基本职业能力和关键能力培养的途径和方法；以职业工作体系为逻辑结构设计课程内容；完成教学单元划分和设计、完成课时计划编制。同时，对课程实施所需要的学生能力水平标准、师资能力水平和数量标准、设备设施数量和水平标准、课程实施标准以及其他学习资源配套情况等进行详细规划，并制定课程教学资源开发和利用的具体方法和措施。

(一)工作要素

1. 课程标准

课程标准是新课程开发的基础性文件，它规定了课程目标、课程内容标准、课程实施建议、评价方式等。

2. 课程文件

指新课程开发过程中产生的各类技术文件，包括课程基础文件和教学指导文件两大类。

(二)工作标准

1. 完成课程标准编制；

2. 完成课程设计报告；
3. 完成教学单元划分和设计；
4. 完成课时计划编制；
5. 完成教学资源开发利用报告编制。
相关文件样本详见第八章。

(三)工作步骤

工作项目六的工作步骤如图 7-6 所示。

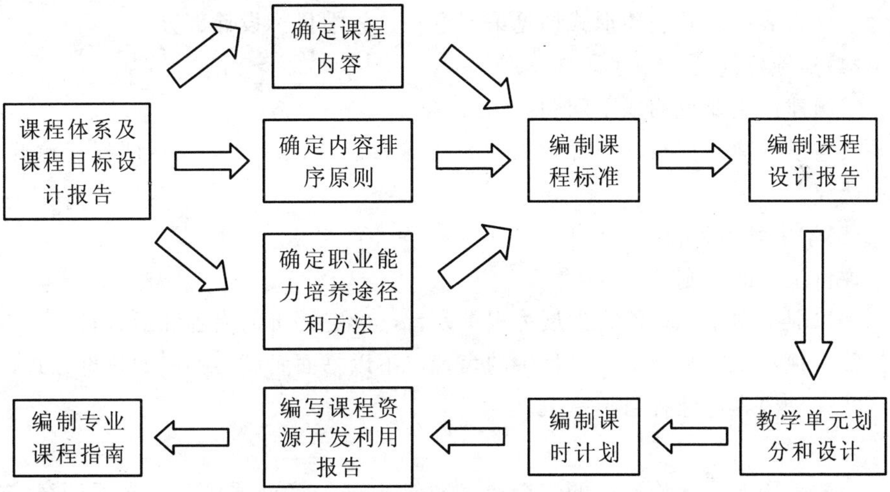

图 7-6 工作项目六的工作步骤

(四)工作成果

1. 课程标准
课程标准撰写大纲如下。
(1)前言
前言主要应说明以下问题：
阐述课程的性质、价值与功能以及课程理念；课程标准总体内容的设计思想。
(2)课程目标
课程目标主要说明以下问题：
明确本课程在知识与技能、过程与方法、情感态度与价值观等方面的总目标和分类目标(分类目标包括基本职业能力目标，关键能力目标，职业道德目标)。

(3)内容标准

内容标准主要说明以下问题：

规定本课程的基本学习内容和应达到的标准。内容标准的各项目可根据课程性质和功能确定，对于学生应达到的基本要求可按结果性目标和体验性目标来描述。

学生学习内容的书面表达方式应采用尽可能清晰的、便于理解及可操作的行为动词来表达。其表述形式详见第五章——教学目标设计部分。

(4)实施建议

实施建议主要说明以下问题：

教与学的建议；教学条件建议；教材编写建议；评价建议；课程资源开发利用建议。

(5)学生学习评价

评价工作的原则：

①以促进学生职业能力发展为根本宗旨，确定评价的内容和形式；

②重视学生在整个学习过程中的表现，不以书面考试为唯一的评价方式；

③评价内容与课程目标一致。

评价形式：

一般采用多种评价形式的组合类型对学生进行综合评价，如学习档案、笔试(按需选择开卷或闭卷形式)、实操等。

2. 课程资源开发利用报告

课程资源开发利用报告撰写实例详见第八章。其撰写大纲如下。

(1)教材、学材开发要求

课程开发完成后，各课程均应具备下列形式中的2～3种学习材料。

①教材或讲义(必备)，包括案例、企业职业活动过程中产生的资料等；

②课程学习指导；

③多媒体课件；

④仿真学习软件或设备；

⑤职业工作实况录像与图片。

(2)教学实施条件

①教学场地；

②教学设备；

③教学环境条件。

(3)校内外实习实训基地开发利用

①现有资源利用情况；

②拟建设开发的资源情况。

(4)教师任课资质

①知识结构；

②职业资格；

③团队情况。

七、工作项目七 课程开发前期工作阶段质量评价(评价二)

第二次评价工作的主要目的是对课程形成阶段的工作质量和结果进行评价。它是对课程开发质量和适用性进行的总体评价。该评价由学校相关职能部门负责，评价结果的优劣决定了新课程能否进入教学实施阶段。

除此以外，第二次评价的工作内容还包括对基础工作阶段整改情况的再评价内容。在第一次评价完成后，各项工作成果、工作方法和工作过程等，都根据评价结果做了相应的修正和调整，要对修正和调整的效果进行评价，也要对其对后续工作的影响进行评价。

(一)评价对象

1. 对新开发课程的前期工作阶段的过程和质量进行全方位评价；

2. 确定该课程的开发方法和工作手段是否与课程内容相适应；

3. 课程内容选排是否符合职业教育规律，能否满足人才培养目标的要求等；

4. 对基础工作阶段整改情况的再评价。

(二)评价程序

评价程序同工作项目五。

(三)评价标准

评价标准和指标详见表 7-11。[22]

表 7-11 课程开发前期工作阶段评价(评价二)

一级指标	权重	二级指标	权重	三级指标	权重	评分标准			
						优秀(90～100)	良好(80～89)	中等(70～79)	一般(60～69)
前期工作	0.20	课程目标	0.30	特定职业能力目标	0.60	1. 符合相应的国家职业标准规定； 2. 与专业培养目标吻合	1. 符合相应的国家职业标准规定； 2. 与专业培养目标吻合良好	1. 基本符合相应的国家职业标准规定； 2. 与专业培养目标基本吻合	1. 基本符合相应的国家职业标准规定； 2. 与专业培养目标不吻合
				关键能力目标	0.40	1. 符合相应的国家职业标准规定； 2. 充分体现出很强的参与创新工作能力培养； 3. 充分体现出终身学习理念的培养	1. 符合相应的国家职业标准规定； 2. 体现出较强的参与创新工作能力培养； 3. 体现出较强的终身学习理念的培养	1. 基本符合相应的国家职业标准规定； 2. 体现出一定的创新能力培养； 3. 体现出一定的终身学习理念的培养	1. 基本符合相应的国家职业标准规定； 2. 有创新能力培养目标
		人员结构	0.30	结构	0.65	人员组成结构多元化,符合工作规范要求	人员组成结构多元化,不符合工作规范要求,但相符程度达85%以上	人员组成结构不符合工作规范要求,但相符程度达70%以上	人员组成结构多元化不符合工作规范要求,相符程度在60%以上
				资质	0.35	参加过课程开发工作的人员比例达到80%	参加过课程开发工作的人员比例达到70%	参加过课程开发工作的人员比例达到60%	参加过课程开发工作的人员比例达到50%
		调研	0.40	院校调研	0.34	≥10	≥8	≥6	≥6
				行业企业调研	0.54	1. 调研行业≥3或 2. 调研企业≥10	1. 调研行业≥2或 2. 调研企业≥8	1. 调研行业≥2或 2. 调研企业≥6	1. 调研行业≥1或 2. 调研企业≥4
				其他调研	0.12	有	有	无	无

续表

一级指标	权重	二级指标	权重	三级指标	权重	评分标准			
						优秀(90～100)	良好(80～89)	中等(70～79)	一般(60～69)
课程设计	0.35	内容来源	0.50	行业企业	0.40	≥50%	≥40%	≥30%	≥25%
				国家职业标准	0.60	≥50%	≥40%	≥30%	≥25%
		教学设计	0.30	知识排序	0.20	1. 专业内容排序方法符合职业工作过程； 2. 基础知识融入职业工作任务之中	1. 专业内容排序方法符合职业工作过程； 2. 基础知识大部融入职业工作任务之中	1. 主要内容排序方法符合职业工作过程； 2. 多数基础知识融入职业工作任务之中	1. 课程结构设计较合理，但部分内容排序不符合职业工作过程； 2. 部分基础知识不能融入职业工作任务之中
				课堂教学	0.20	1. 总体教学设计符合学生认知规律； 2. 采用有针对性的教学方式； 3. 贯彻以职业能力培养为中心思想突出	1. 总体教学设计比较符合学生认知规律； 2. 采用有针对性的教学方式； 3. 贯彻以职业能力培养为中心思想较突出	1. 总体教学设计基本合理，需要一定的改进； 2. 大部分课程内容的教学方式针对性较强； 3. 能够贯彻以职业能力培养为中心的思想	1. 总体教学设计基本合理，需进行较大的修改； 2. 主要课程内容的教学方式针对性较强； 3. 能够贯彻以职业能力培养为中心的思想
				现场教学	0.30	1. 教学设备、媒体选择适当，具有抗突发事件能力； 2. 教学设计、组织符合现场教学要求	1. 教学设备、媒体选择适当，具有一定的抗突发事件能力； 2. 教学设计、组织符合现场教学要求	1. 教学设备、媒体选择适当，能满足要求； 2. 教学设计、组织比较符合现场教学要求	1. 教学设备、媒体选择适当，基本符合要求； 2. 教学设计、组织比较符合现场教学要求

续表

一级指标	权重	二级指标	权重	三级指标	权重	评分标准			
						优秀(90～100)	良好(80～89)	中等(70～79)	一般(60～69)
课程设计		教学设计		实践教学	0.30	1. 课时比例≥60%； 2. 有完整、合理可行的教学设计方案	1. 课时比例≥50%； 2. 有完整、合理可行的教学设计方案	1. 课时比例≥40%； 2. 有完整、合理可行的教学设计方案	1. 课时比例≥30%； 2. 有完整、合理可行的教学设计方案
		教材	0.10	教材及指导书种类	0.70	1. 教材种类齐全，满足教学和学生需要； 2. 教材内容来自于企业，实际案例占90%	1. 教材种类较齐全，满足教学和学生需要； 2. 教材内容来自于企业，实际案例占80%	1. 主要教材种类齐全，基本满足教学和学生需要； 2. 教材内容来自于企业，实际案例占70%	1. 主要教材种类齐全，基本满足教学和学生需要； 2. 教材内容来自于企业，实际案例占60%
				自编教材水平	0.30	国家级规划教材	省部级精品教材	正式出版的教材	有特色的教材
		网络课程	0.10	实用性	0.70	1. 与面授教学一致，可替代面授教学； 2. 可通过仿真系统实现实践教学	1. 与面授教学基本一致，可基本替代面授学习； 2. 主要实践教学内容有仿真训练系统	1. 与面授教学基本一致，可部分替代面授学习； 2. 个别实践教学内容有仿真训练系统	1. 与面授教学部分一致，可小部分替代面授学习； 2. 无仿真系统
				新颖性	0.30	1. 课程吸引力很强； 2. 课程内容、要求与企业生产现状一致，并有适度的新技术、新工艺、新材料等先进技术的介绍	1. 课程吸引力强； 2. 课程内容、要求与企业生产现状一致	1. 课程吸引力较强； 2. 课程内容、要求的生产针对性较强	1. 课程吸引力一般； 2. 有小部分的课程内容生产针对性不强

续表

一级指标	权重	二级指标	权重	三级指标	权重	评分标准			
						优秀(90～100)	良好(80～89)	中等(70～79)	一般(60～69)
课程设计		考核设计	0.15	综合测评	0.50	1. 考核手段、方法与考核内容相符合； 2. 考核设计合理、能得出准确的考核结果	1. 课程主要部分的考核手段、方法与考核内容相符合； 2. 考核设计合理、能得出准确的考核结果	1. 考核手段、方法与考核内容满足教学要求； 2. 考核设计较合理	1. 考核手段、方法与考核内容基本满足教学要求； 2. 考核设计基本合理
				实践考核	0.50	1. 有完整的实践内容考核标准； 2. 有充分的实践内容考核条件	1. 有较完整的实践内容考核标准； 2. 有较充分的实践内容考核条件	1. 有部分实践内容考核标准； 2. 实践内容考核条件基本满足需要	1. 可进行部分实践内容考核，基本满足考核需要； 2. 具备主要实践内容的考核条件
实施设计	0.32	师资队伍	0.50	队伍结构	0.50	1. 研究生学历或硕士学位以上人员占80%； 2. 高级职称占70%； 3.“双师”素质比例占100%； 4. 企业兼职教师具有中级以上职业资格(职称)	1. 研究生学历或硕士学位以上人员占60%； 2. 高级职称占60%； 3.“双师”素质比例占80%； 4. 企业兼职教师具有中级以上职业资格(职称)	1. 研究生学历或硕士学位以上人员占50%； 2. 高级职称占50%； 3.“双师”素质比例占70%； 4. 企业兼职教师具有中级以上职业资格(职称)	1. 研究生学历或硕士学位以上人员占30%； 2. 高级职称占30%； 3.“双师”素质比例占50%； 4. 企业兼职教师具有中级以上职业资格(职称)
				企业实践能力	0.30	1. 五年内有企业实践工作经历的教师占90%； 2. 五年内从事过实际工程项目开发的教师占60%	1. 五年内有企业实践工作经历的教师占80%； 2. 五年内从事过实际工程项目开发的教师占50%	1. 五年内有企业实践工作经历的教师占70%； 2. 五年内从事过实际工程项目开发的教师占30%	1. 五年内有企业实践工作经历的教师占60%； 2. 五年内从事过实际工程项目开发的教师占20%

续表

一级指标	权重	二级指标	权重	三级指标	权重	评分标准			
						优秀(90～100)	良好(80～89)	中等(70～79)	一般(60～69)
实施设计		师资队伍		学术水平	0.20	五年内团队应完成以下项目(三项达标即可)： 1. 两项院级以上教学研究课题； 2. 在中文核心期刊发表论文两篇以上； 3. 取得过一项专利； 4. 有两项研究成果应用	五年内团队应完成以下项目(两项达标即可)： 1. 两项院级以上教学研究课题； 2. 在中文核心期刊发表论文两篇以上； 3. 取得过一项专利； 4. 有两项研究成果应用	五年内团队应完成以下项目(三项达标即可)： 1. 两项院级以上教学研究课题； 2. 在中文核心期刊发表论文一篇以上； 3. 取得过一项专利； 4. 有一项研究成果应用	五年内团队应完成以下项目(两项达标即可)： 1. 两项院级以上教学研究课题； 2. 在普通期刊发表论文两篇以上； 3. 取得过一项专利； 4. 有一项研究成果应用
		场地及设备	0.30	教学场所	0.30	实践教学场地布置达到企业生产标准	实践教学场地布置基本达到企业生产标准	实践教学场地能满足教学需要	实践教学场地基本满足教学需要
				设备数量及状况	0.70	1. 设备数量满足教学需要，有抗突发事件的能力； 2. 设备性能先进，符合教学要求； 3. 设备技术状况好； 4. 实验设备仪器种类齐全，技术状态好	1. 设备数量满足教学需要，有一定的抗突发事件的能力； 2. 设备技术性能较先进，符合教学要求； 3. 设备技术状况较好； 4. 实验设备仪器种类较齐全，技术状态较好	1. 设备数量满足教学需要； 2. 设备技术性能达到教学要求； 3. 设备技术状况较好； 4. 具备主要实验设备和仪器，技术状态较好	1. 设备数量基本满足教学需要； 2. 设备技术性能较落后，但能符合教学要求； 3. 设备技术状况一般； 4. 具备主要实验设备和仪器，技术状态较好

续表

一级指标	权重	二级指标	权重	三级指标	权重	评分标准			
						优秀(90～100)	良好(80～89)	中等(70～79)	一般(60～69)
实施设计		文件齐全性	0.10	教学指导文件	0.50	种类齐全、符合相关工作规范要求	文件齐全率达90%以上，缺失文件种类对课程开发质量影响极小	文件齐全率达80%以上，缺失文件种类对课程开发质量有一定影响	文件齐全率达70%以上
				课程基础文件	0.50	种类齐全、符合相关工作规范要求	文件齐全率达90%以上，缺失文件种类对课程开发质量影响极小	文件齐全率达80%以上，缺失文件种类对课程开发质量有一定影响	文件齐全率达70%以上
		文件规范性	0.10	教学指导文件	0.50	文件格式和内容符合相关工作规范要求	文件格式和内容基本符合相关工作规范要求，有不超过5%的文件存在问题	文件格式和内容符合相关工作规范要求，有不超过10%的文件存在问题	文件格式和内容符合相关工作规范要求，有不超过20%的文件存在问题
				课程基础文件	0.50	文件格式和内容符合相关工作规范要求	文件格式和内容基本符合相关工作规范要求，有不超过5%的文件存在问题	文件格式和内容符合相关工作规范要求，有不超过10%的文件存在问题	文件格式和内容符合相关工作规范要求，有不超过20%的文件存在问题

注：未达到以上标准的为较差，不能通过课程开发质量评价，需重新对课程开发过程进行完善。

八、工作项目八　课程审查

课程审查是指学校课程开发管理部门对新开发课程在课程开发质量、课程有效性、课程可行性等方面的审定。课程审查一般在系(部)提出新课程鉴定申请后进行。

(一)工作要素

提请鉴定的新课程。

(二)工作内容

1. 对课程价值观和价值时效性进行评价，确保课程对学生学习产生实效；

2. 审查课程内容在实践性、继续教育性、关键能力培养等方面是否与人才培养目标一致；

3. 从课程核心内容的来源、职业工作任务的质量、课程内容的适用性等方面评价课程与实践需求吻合度；

4. 审查课程知识表达体系和课程类型设计的合理性；

5. 评价课程实施性；

6. 依据课程开发标准，审查课程开发程序的规范性。

(三)审查工作流程

工作项目八的工作流程如图 7-7 所示。

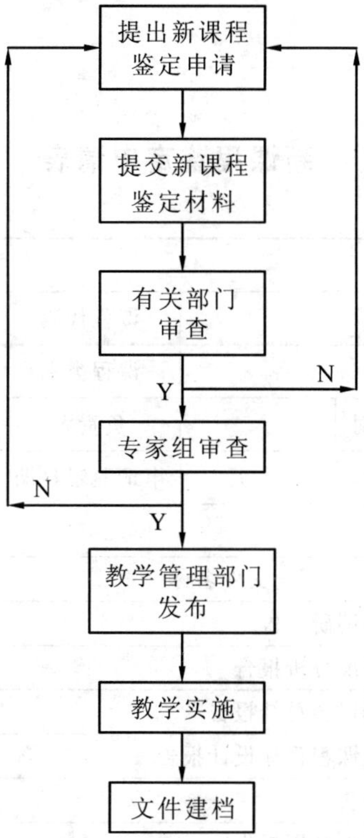

图 7-7 工作项目八的工作步骤

(四)文件样本

1. 新课程鉴定申请书

新课程鉴定申请书

××××部门：

××××××专业《×××××××》课程自××××年××月立项开发，历时××年(月)，现已完成开发任务，达到了新课程鉴定要求，特此申请进行新课程鉴定。

附：鉴定申请表。

(××××系或××××课程组)

年　　月　　日

附：新课程鉴定申请表

新课程鉴定申请表

<table>
<tr><td colspan="8">一、课程基本信息</td></tr>
<tr><td>课程名称</td><td colspan="3"></td><td>课程代码</td><td colspan="3"></td></tr>
<tr><td>适用专业</td><td colspan="3"></td><td>课程类别</td><td></td><td>授课对象</td><td></td></tr>
<tr><td>学分</td><td></td><td>课时</td><td></td><td>负责人</td><td></td><td>联系电话</td><td></td></tr>
<tr><td>工作时间</td><td colspan="3">年　月至　年　月</td><td>申请鉴定日期</td><td colspan="3">年　月　日</td></tr>
<tr><td colspan="8">二、课程文件明细</td></tr>
</table>

序号	文件名称	数量
1	行业(企业)调研报告	
2	国家职业标准分析报告	
3	实践专业研讨会总结报告	
4	课程体系及课程目标设计报告	
5	课程设计报告	
6	课程资源开发利用报告	
7	课程标准	
8	课程计划	
9	课时计划	
10	专业课程指南	
11	课程指南	
12	教师指南	

三、课程开发工作小组成员名单

姓名	职称	年龄	从业时间	有否课程开发经历	负责工作	单位

2. 新课程鉴定评审表(表 7-12)

表 7-12 新课程鉴定评审表

一级指标	权重	二级指标	权重	三级指标	权重	得分	简评
前期工作	0.20	课程目标	0.30	基本职业能力目标	0.60		
				关键能力目标	0.40		
		人员组成	0.30	结构	0.65		
				资质	0.35		
		调研	0.40	院校调研	0.34		
				行业企业调研	0.54		
				其他调研	0.12		
课程设计	0.35	内容来源	0.35	行业企业	0.40		
				国家职业标准	0.60		
		教学设计	0.30	知识排序	0.20		
				课堂教学	0.20		
				现场教学	0.30		
				实践教学	0.30		
		教材	0.10	教材及指导书种类	0.70		
				自编教材水平	0.30		
		网络课程	0.10	实用性	0.70		
				新颖性	0.30		
		考核设计	0.15	综合测评	0.50		
				实践考核	0.50		
实施设计		师资队伍	0.50	队伍结构	0.50		
				企业实践能力	0.30		
				学术水平	0.20		
		场地及设备	0.40	教学场所	0.30		
				设备数量	0.40		
				工装、量具及辅助材料	0.40		

续表

一级指标	权重	二级指标	权重	三级指标	权重	得分	简评
实施设计	0.30	实施成本	0.10	更新、改造教学资源费用	0.20		
				授课人员费用	0.20		
				人员培训费用	0.20		
				管理费用	0.20		
				辅助人员费用	0.10		
				其他费用	0.10		
工作规范性	0.15	工作程序完整性	0.60	工作程序完整性	0.20		
				方法手段适用性	0.50		
				阶段成果完整性	0.30		
		文件齐全性	0.20	教学指导文件	0.50		
				课程基础文件	0.50		
		文件规范性	0.20	教学指导文件	0.5		

专家＿＿＿＿＿＿　所在单位＿＿＿＿＿＿＿＿＿＿＿＿　日期＿＿＿＿＿＿＿

3. 新课程实施批准报告

课程实施批准报告

文件号：

××××：

××××××专业《××××××》课程经学院××××委员会综合评审，同意进入实施阶段，请做好课程实施的相关准备工作和实施效果评估工作，特此通知。

（××××部门）

年　　月　　日

第八章
课程体系开发案例

在确定“双证书”教育课程的课程体系时，既要充分考虑国家发布的职业名称和职业工作内容，又要结合学校的专业设置和行业(企业)调研的结果，寻找最适合“双证书”课程实施的体系结构，从而为“双证书”课程的实施奠定基础。“双证书”教育课程体系必须在行业(企业)调研、实践专家访谈、国家职业标准分析等工作完成以后，才能确定。

课程体系开发是具体课程开发的前提和基础，每一门“双证书”课程都要在专业课程体系的框架下进行课程标准的编制、课程内容的设计、教学设计等。本章以数控技术专业课程体系开发为例，详细说明行业(企业)调研报告、国家职业标准分析报告、实践专家研讨会总结报告、课程体系及课程目标设计报告的编制方法及格式。

一、行业(企业)调研报告

说明：1. 调研报告封面设计要标准化，封面格式见附录。
　　　2. 调研报告撰写大纲详见第七章。

二、国家职业标准分析报告

说明：1. 国家职业标准分析报告要标准化，封面格式见附录。
　　　2. 国家职业标准分析报告撰写大纲详见第七章。

三、实践专家研讨会总结报告

说明：1. 实践专家研讨会总结报告封面格式见附录。
　　　2. 实践专家研讨会总结报告撰写大纲详见第七章。

四、课程体系及课程目标设计报告

说明：1. 课程体系及课程目标设计报告封面格式见附录。

2. 课程体系及课程目标设计报告撰写大纲详见第七章。

五、数控技术专业课程指南

说明：1. 专业课程指南封面格式见附录。

2. 专业课程指南撰写要求详见第二章。

行业(企业)
调研报告

专业名称：数控技术专业

专业代码：××××××

调研时间：××××××

调研地点：×××

调研负责人：×××

××××××学院

目　录

一、调研指导思想

(一)调研工作基本思路、方法及目的

调研样本包括企业和同类院校。调研工作方法宜灵活多样，以确保调研目标的实现。如采用座谈法了解企业中短期产品开发战略，确定职业技术变化与发展趋势，掌握企业内部人员培训情况、近年人才需求情况、企业设备发展战略以及生产管理、运行方式的变化趋势；采用访谈法调查本职业在企业中的地位和作用，本职业与其他职业间人员的联系、交流等情况，本职业的岗位职责，掌握职业能力的成长规律等；采用问卷法调查职业工作内容、专业知识水平的需求情况；采用文献分析法学习国内外先进经验，确认企业调研分析结果的准确性、正确性，形成课程开发指导思想。

(二)调研企业选择

1. 调研企业选择原则

①学校所在区域内，职业技术发展水平较高的企业1～2个；

②在生产类型、技术水平等方面具有较强代表性的企业选2～4个；

③根据该职业(岗位)在行业中的地位和岗位数量比例，每个行业选择1～3个企业调研；

④同类院校相同或相关专业2～3个。

本次调研选定的企业类型有：国有企业、外资企业、集体企业、民营企业和股份制企业。

本次调研选定的行业(企业)有：机械制造、模具制造、交通装备制造、电子技术行业。

2. 调研企业名单

本次调研的企业数量：共18个企业。

(详细名单略)

二、数控加工行业发展现状

数控技术是制造业实现自动化、柔性化、集成化生产的基础，是提高制造业产品质量和劳动生产率必不可少的重要手段。

(一)数控加工技术的发展

航空航天、军事装备制造等领域对高精度、异形零部件的大量需求，促进了数控加工技术的快速发展。当前，高性能三轴和五轴高速加工中心、五面加工中心等高技术含量的数控机床，已成为工业生产不可缺少的设备。在航空、船舶、发电行业，大量使用数控机床制造螺旋桨、发动机、发电机和水轮机叶

片等重要零件；在汽车制造行业，数控机床在发动机、变速箱、曲轴柔性加工生产上发挥着重要作用。此外，数控加工技术在石材加工、玻璃雕花、席梦思加工和服装加工等行业也有广泛应用。

2009年，国家发布并实施了《装备制造业调整振兴规划》，据此机床行业提出了到2011年，国产机床市场占有率提高到70%以上，其中数控机床占有率提高到40%以上的目标。2002～2008年，国产数控机床的产量连续增长，呈现出跨越式发展态势，数控机床产量年平均增长率更高达33.22%，比普通金属切削机床产量的年增速高14.6个百分点。以2009年前11个月为例，国内共生产数控机床13.9万台，其中数控金属切削机床产量为12.5万台，数控机床大量进入制造领域已成为不争的事实。

(二)数控加工行业从业人员现状

1. 国内总体情况

国家重大装备制造企业和军工企业，是我国数控技术人才需求比较集中的企业。民营经济的飞速发展，也加大了对各种数控加工技术人员的广泛需求。特别是在我国经济发达地区，数以万计的模具制造企业和众多的汽车零部件制造企业，对数控加工技术人才的需求量更是居高不下。有关资料显示，目前我国数控应用领域人才短缺达数十万。人才短缺不仅表现在数量上，而且在质量、知识结构等方面也与企业需求有相当的差距。“高薪难聘数控技工”、“高薪难招模具技工”成为业内普遍关注的热点问题。

数控技术人才短缺已引起国家的高度重视，教育部、人力资源和社会保障部、国防科工委、信息产业部、交通部等部委联合实施了“职业院校制造业技能型紧缺人才培养培训工程”，为缓解数控技术人才短缺起到了一定作用。该“培训工程”的目标是：五年培养30万以上制造业技能型紧缺人才，以缓解我国劳动力市场技能型人才紧缺的状况。

2. 本区域从业人员情况

表1是数控技术专业对应工作岗位的从业人员的基本情况。由表可知：

①大专学历层次的人员，一般从事高技术含量岗位的工作，如机械加工工艺师、数控加工工程师、机械设计师等；

②操作型岗位从业人员的学历层次较低，基本要求为中专学历；

③在高技术含量岗位工作的从业人员，一般有3～5年的工作稳定期；操作型岗位从业人员本岗位连续工作时间较短，只有1～2年；

④不同岗位从业人员的工资水平差异较大，数控加工工程师、机械设计师、

机械加工工艺师位列工资榜前三位，这也说明了技术类人才的匮乏。

表1 数控技术专业对应的岗位从业人员基本情况

岗位名称	新员工 工资水平(元)	学历	年龄	本岗位连续 工作时间
销售人员	1000～2000＋提成	中专及以上	偏好年轻人	1～2年
机械维修工	3000～4000	中专及以上	22～45岁	1～2年
数控车工	1500～3000	中专及以上	22岁及以上	1～2年
模具加工	2000～3000	中专及以上	22岁及以上	1～2年
加工中心操作工	2000～3000	中专及以上	22岁及以上	1～2年
机械加工工艺师	3000～6000	大专及以上	28岁以上	3～5年
机械设计师	3000～10000	大专及以上	28岁以上	3～5年
数控加工工程师	3000～10000	大专及以上	28岁以上	3～5年

(三)本区域人才供需情况

1. 数控技术人才来源

目前，本区域生产一线的各种数控技术应用人才主要有两个来源：一是大学本科、高职和中职的数控技术或机电一体化等专业的毕业生。这些人员一般具有企业所需的数控技术基础知识，对数控技术有初步了解，特别是高职和中专毕业生，一般都具备国家职业资格证书。但是，该类人员的最大问题是缺乏实际工作经验和加工工艺知识，同时由于学校课程分工过细，难以满足企业对加工、编程和机床维修等多技能一体化的复合型人才的要求。第二个来源是企业自己培养的技术工人，他们在现有员工中选拔产生，通过参加不同层次的数控技术中短期培训，然后上岗，满足企业对数控加工技术人才的急需。这些人员一般具有企业所需的工艺背景、比较丰富的实践经验，但是知识面较窄，特别是对计算机应用技术和计算机数控系统不太了解。

目前，数控技术专业对应的企业岗位的人才拥有量比例见图1。

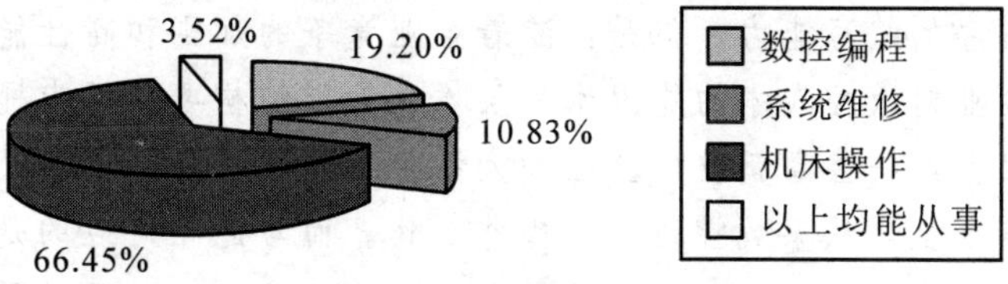

图1 企业数控人才结构图

2. 区域内同类院校相同或相近专业人才培养情况

目前，本区域高职院校同类专业毕业生就业的工作岗位基本相同，一般为数控机床操作、工艺设计与编程、数控机床维修、普通机床操作、机械产品装配、机械产品检验、数控机床安装调试、生产管理等。本区域同类院校每年招生数量呈逐年上升趋势，2009 年达到近 300 人的规模(不包括我校)，毕业生就业率一般在 95%以上。各校的年度招生情况见表 2。

表 2　区域内同类院校本专业近三年计划内招生情况

学校	2007 年招生人数	2008 年招生人数	2009 年招生人数	招生地区	学费(元/年)
×××××学院	84	79	79	××、××、××、××、××	××××
×××××学院	70	74	100	××、××、××、××、××	××××
×××××学院	42	41	62	××、××、××、××	××××
×××××学院	40	40	40	××、××、××	××××

3. 校企合作人才培养情况

大部分企业跟大、中专院校签订了《人才合作培养协议》，是职业院校的实训基地，但能够建立长期固定合作关系的很少，只有不足 20%的企业与学校有长期合作关系。目前，大部分企业的做法是，根据本企业需求，随时到学校招聘实习人员进厂实习。

三、本区域数控技术人才未来需求情况

(一)未来 3～5 年内从业人员需求趋势

1. 高层次技术人才需求量逐年增加

在所调研的企业中，大部分企业目前只要求操作者能熟练操作机床，不要求数控加工程序的编写能力。但是，随着企业竞争的加剧和高性能数控设备的不断增加，企业对数控人才的能力水平层次和知识结构要求逐步提高的势头已十分明显。目前，一些高新技术企业和大型企业，已经开始大规模引进大专及以上层次的毕业生，从事数控机床的操作工作。而与此相对应的是，目前高层次数控技术应用的复合型人才在企业中所占比例仅为 5%。可以预见，企业数控技术人才的知识和能力要求将会越来越高，高层次人才是需求的热点。

2. 复合型人才需求量呈增长态势

随着制造装备的更新换代和产品技术含量的增加，数控加工技术呈现综合性发展趋势。在生产应用层面也由过去的操作、编程、工艺制定等各自为战的状态，转变为一个人(或一个团队)要完成多项工作任务。在本次调查中，所有企业都欢迎"数控通才"，即具备并精通数控操作、数控编程和数控机床维护的综合知识和技能，并有大量实践经验、较广知识面的人才。因此，只掌握单一操作的"蓝领层"，已经不能满足现代职业工作的要求，既能编程又能熟练操作机床的"复合型"人才，在未来几年里，必将受到企业追捧。

3. 职业工作经验成为人才选择的重要指标

企业面对的竞争压力，要求其生产经营必须做到高质量、低成本，因此越来越多的企业更关注招聘来的新员工是否能够立即上岗，产生经济效益。本次调查中，大部分企业都表示，在招聘大学生时，通常要求必须有 1 年以上的工作经验；招聘的研发技术人员、编程员，特别是工程师岗位从业人员，一般需要有 3 年以上相关岗位的工作经验。企业对新聘员工工作经验要求情况见图 2。

需要说明的是，在学校或企业实习培训的相关经历，一般都被企业认可为相关岗位工作经验，在应聘中具有一定优势。

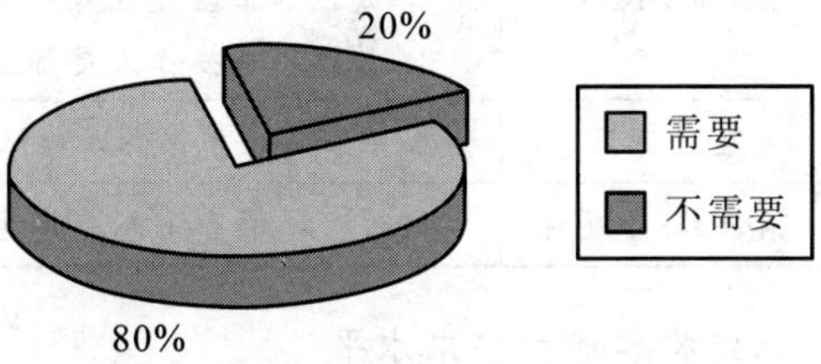

图 2　企业对招聘人员的工作经验的要求情况

(二)职业岗位能力要求发展趋势

1. 职业岗位职责

数控技术专业对应岗位的主要职责见表 3。

表 3　数控技术专业对应的工作岗位主要职责

岗位名称	岗位所在部门	岗位主要职责
数控机床操作工	生产部门	1. 操作数控机床进行零件加工； 2. 设备的日常维护
数控机床操作员	研发部	1. 根据产品生产要求，对产品进行数控加工； 2. 对现有的数控程序提出改进建议，配合工艺人员及其他部门对产品加工工艺进行优化； 3. 处理加工过程中的突发事件； 4. 文明生产
数控编程工程师	研发部/技术部	负责手工编程或计算机编程
机械加工工艺工程师	生产部/技术部	1. 负责新产品工艺分析； 2. 负责新产品的工艺编制； 3. 负责新产品新工艺的调试； 4. 确定批量产品工艺规程
机械设计师	生产部/技术部	机器设备和工艺装备设计制造
数控生产工程师	生产部/技术部	1. 数控加工生产过程技术指导； 2. 数控加工生产能力和效率提高研究； 3. 数控机床操作人员加工指导
机械维修工	生产部门	机械设备维护保养、故障诊断及排除
销售人员	销售部/市场部	执行市场销售任务，负责售后服务

2. 从业人员的知识结构和能力要求水平

数控技术专业相对应工作岗位对人才的知识、素质和技能要求如表 4 所示。

表4　数控技术专业对应的工作岗位对人才能力的要求

岗位类别	岗位名称	岗位所在部门	岗位能力要求
操作类	数控车工	生产部门	1. 熟练操作数控车床、普通车床； 2. 能编写简单的数控加工程序； 3. 能磨制刀具； 4. 能设计简单工装夹具； 5. 能按规定对车床进行日常保养； 6. 能正确使用各种常见量具
	数控铣工	生产部门	1. 熟练操作数控铣床、普通铣床； 2. 能编写简单的数控加工程序； 3. 能设计简单工装夹具； 4. 能按规定对铣床进行日常保养； 5. 能正确使用各种常见量具
	加工中心操作工	生产部门	1. 熟练操作机床； 2. 具备较强的识图能力，良好的理论知识； 3. 能设计简单工装夹具； 4. 能按规定对机床进行日常保养； 5. 能正确使用各种常见量具
技术类	机械加工工艺师	生产部/技术部	1. 熟练使用 CAXA、AUTOCAD、SOLIDWORKS、MASTER CAM 等软件； 2. 熟悉数控加工中心、数控铣削、电火花等加工工艺，会编制工时定额； 3. 工作责任心强，吃苦耐劳，有团队协作精神
	数控生产工程师	生产部/技术部	1. 熟悉质量管理的相关标准； 2. 熟悉 SIEMENS、FANUC 等数控系统； 3. 能够独立完成大型工件切削加工的全部技术工作； 4. 熟练使用相关 CAD/CAM 软件进行工作
	数控编程工程师	生产部/技术部	1. 熟练使用 UG、MASTERCAM 及常用办公软件； 2. 熟悉机床常用数控系统； 3. 能够手工编制和计算机编制数控加工程序

续表

岗位类别	岗位名称	岗位所在部门	岗位能力要求
维护、服务类	销售人员	销售部/市场部	1. 具有一定数控技术理论知识，熟悉产品； 2. 语言表达能力强，思维敏捷，性格开朗，善于人际关系的协调和沟通，良好的团队合作精神； 3. 具备一定的市场营销知识
	机械维修工	生产部	1. 熟悉机械结构； 2. 掌握数控系统故障诊断的方法； 3. 能够对数控机床精度检验； 4. 有一定的机床操作能力

由表 4 可知，数控技术应用职业岗位有：数控机床操作类岗位、数控加工技术类岗位、数控机床维护服务类岗位三类，各类岗位对人员知识结构和能力均有不同的要求。如数控机床操作类岗位，要求从业人员熟练操作数控机床，掌握机械加工和数控加工工艺知识，有一定的编程能力，能够胜任机床日常维护保养工作。数控加工技术类岗位，要求从业人员熟练应用三维 CAD/CAM 软件，熟练应用手工编程和自动编程技术，具有编制数控加工工艺的能力。数控机床维修、服务类岗位，要求从业人员掌握数控机床的机械结构和机电联调技术，掌握数控机床的操作与编程，熟悉各种数控系统的特点、软硬件结构等的维修技术。

(三)从业人员"双证书"情况及未来需求情况

1. 学历要求

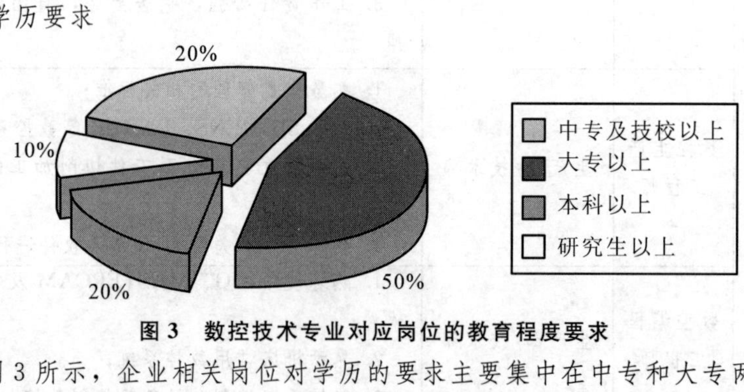

图 3　数控技术专业对应岗位的教育程度要求

如图 3 所示，企业相关岗位对学历的要求主要集中在中专和大专两个层次，占全部需求 70%；需要本科及研究生学历的岗位相对较少，只占 30%。这与企业岗位职责设置有关，如本科及研究生学历的从业人员，对应的主要工作岗位是研发岗和数控加工技术岗；而大、中专学历的从业者，主要就业岗位是机床操作、机床维修、机床销售、售后服务等。

2. 职业资格证书要求

国家实行就业准入制度以后，一些技术要求高、通用性强、关系人民身体健康财产安全的职业(工种)，要求必须从取得相应职业资格证书的人员中招用，从业者必须持证上岗。目前，必须持有职业资格证书才能上岗的技术工种(职业)已超过90个，与数控加工技术相关的工种有：车工、铣工、磨工、镗工、组合机床操作工、加工中心操作工、装配钳工、工具钳工。

本次调研的企业中，高等级岗位工作人员，如研发岗位、生产部管理岗位等，要求必须具有相关的职业资格证书；操作层面的岗位中，有82%的企业不要求所招聘人员必须具有职业资格证书，但具有职业资格证书是一个竞争优势；95%以上的企业会对招聘来的员工进行岗前培训，使他们获取相应的职业资格证书。

四、本区域同类院校基本情况

(一)专业课程设置情况

各校数控技术专业课程设置情况见表5。由表可知，各校设置的课程基本相同，人才培养目标基本相当。

表5　同类院校本专业课程设置情况

学校名称	课程设置
×××××学院	机械设计基础、机械制造基础、电工与电子技术、单片机控制技术、CAD/CAM技术、金属切削原理与刀具、数控加工工艺、数控机床、数控机床编程操作与加工、数控机床电气控制、数控机床维护与维修、专业英语
×××××学院	计算机应用基础、机械制图、机械基础、机械制造技术、电工电子技术、数控技术原理、数控编程与操作、数控加工工艺、数控机床电气控制
×××××学院	机械制图与CAD、数控原理与编程、数控加工工艺、CAM与自动编程、机床电气控制、自控应用技术、Pro/E软件应用、数控机床原理与维修、专业英语
×××××学院	高等数学、计算机应用基础、CAD技术、电气控制与PLC技术、传感器与检测技术、专业英语、数控加工工艺及编程、CAM技术、数控原理与系统、数控机床故障诊断与维护、大学英语

(二)专业教学资源情况

各校教学资源情况见表6。

表6 同类院校本专业教学资源情况

学校	师资力量	实训基地
×××××学院	1. 教师51名，90%以上为研究生学历 2. 具有双师素质教师占90% 3. 来自企业的高水平实训指导教师8名	机电实训基地；数控实训基地；模具实训基地等；30个实训室
×××××学院	1. 教师30名，其中高级讲师3名，讲师2名 2. 高级工程师3名，工程师4名 3. 高级技师2名，技师8名	金属材料实验室；气动液压实验室；钳工实训室；数控设备6台；数控编程仿真、电气智能实训平台；机电一体化柔性实训系统；普通车床；普通铣床；剪板机；车削中心；快速成形机床；卧式加工中心
×××××学院	1. 教师31名，高级职称6名 2. 双师素质教师占97%	CAD/CAM实训室；数控加工实训室；电加工实训室；模具设计实训室；融模铸造实训室；数控机床维修实训室

五、本校毕业生就业情况

(一)被调查毕业生基本情况

调查采用随机抽样方式，抽取2005—2009届毕业生共36人。被调查毕业生中，一般均具有两个以上职业资格证书，其中获得中级职业资格证书的35人，获得高级证书的1人，分别占毕业生总数的97.3%和2.7%。职业资格证书获取的具体情况见表7。

表7 毕业生在校期间获得职业资格证书情况

证书类型	人数(人)	所占比例
数控机床操作初级工	1	3.8%
数控机床操作中级工	20	76.9%
数控机床操作高级工	1	3.8%

续表

证书类型	人数(人)	所占比例
CAD 制图员	11	42.3%
车工	6	23.1%
铣工	2	7.7%
焊工	1	3.8%

(二)一次就业对口率

本次调研的 36 人中，毕业后所从事的第一个工作，与数控技术专业相关的有 23 人，占被调查总数的 63.8%，说明毕业生中，大多数人仍在从事专业工作，人才需求比较旺盛；未从事本专业相关工作的毕业生 13 人，其原因多种多样，以个人想在其他领域发展的理由居多；此外，一直处于待业状态的毕业生 3 人，这 3 人均是刚毕业(2009 年)的学生。毕业生就业的详细情况见表 8。

表 8　毕业生就业及从事本专业相关岗位情况

毕业生状况	人数(人)	所占比例
一直从事本专业相关工作	23	63.8%
由本专业转向其他工作	5	13.9%
从未从事本专业相关工作	5	13.9%
毕业后一直待业	3	8.3%
合计	36	100%

(三)毕业生对学校课程的评价

1. 对学校课程的评价

毕业生对机械制图、数控编程技术两项能力的要求最为突出，有 58.3%的毕业生认为，这两门课程的重要性排在职业能力的第一位；另有 22.2%的毕业生认为 CAD 和 CAM 技术非常重要。毕业生对学校课程的具体评价情况见表 9。

表 9　毕业生对学校课程的评价

课　　程	重要性评判赞同人数(人)	所占比例
机械制图	21	58.3%
数控编程类课程	21	58.3%

续表

课　程	重要性评判赞同人数（人）	所占比例
CAD、CAM技术应用类课程	8	22.2%
电工电子技术类课程	3	8.3%
数控加工技术类课程	6	16.7%
检测技术	0	0
液压与气动技术	0	0

2. 毕业生对求职能力的评价

由表10可知，有50%以上的毕业生认为，机床操作能力、沟通能力、人脉关系最为重要，位居能力评价的前三位。52.9%的毕业生看重人脉，提示学校要广开就业渠道，加强对学生人际交往能力的培养；52.9%的毕业生认为沟通能力对求职重要，超过了专业知识和学历，说明当前企业更看重人与人交流的能力和团队工作能力。

表10　求职能力评价

能　力	重要性评判赞同人数（人）	所占比例
专业动手操作能力	13	76.5%
沟通能力	9	52.9%
人脉关系	9	52.9%
专业理论知识	7	41.2%
学习能力	7	41.2%
学历文凭	6	35.3%
创新能力	6	35.3%
计算机知识	5	29.4%
英语能力	5	29.4%
思维反应能力	5	29.4%
管理能力	4	23.5%
其他	1	5.9%

六、专业人才培养建议

1. 重视企业文化教育

企业文化对从业者具有导向功能、凝聚功能、激励功能、调适功能、约束功能、效率功能，它是企业发展的一个密不可分的重要组成部分。企业文化是一个企业发展变迁的缩影，具有显著的专有性，它还具有发展性，新的企业文化在企业发展中不断产生。作为从业人员，他们是在企业文化的氛围中进行职业活动的，因此必须要在深刻理解企业文化的内涵，把握其实质的基础上，其思维模式、工作作风、处事风格等才能与周围的环境相协调，才有可能在传统企业文化与新时代的科技、文化产生碰撞中，激发出创造的火花，由此产生新的理念和思想。

2. 关注企业发展变化

每个企业都会根据自身需求，定时或不定时地招收学生进行工作实习，学校应关注企业生产的变化情况，拓宽学生生产实践的领域和范围，增强学生实践能力，为学生提供从事职业工作的机会。

3. 注重复合型人才培养

在专业技能培养方面，应突出"一专多能"，提高学生职业能力的技术成分比例。例如，要使学生掌握切削理论、质量分析技术等较高层次的技术知识，不能仅仅停留在操作层面。

4. 加强人才关键能力培养

在职业工作经验以外，要着重培养以下能力：自我学习能力；交流、沟通的能力；团队工作能力；创造性工作能力；工作的热情与主动性；工作责任心等。

七、结论

(一)专业培养目标

根据数控技术专业以本地招生、本地就业为主的实际情况，结合本地区企业人才需求的特点，建议数控技术专业的人才培养目标确定为：

在机械制造企业生产一线工作的、具有与本专业职业工作领域相适应的文化水平与素质、良好的职业道德和创新精神，掌握数控加工工艺设计和数控加工程序编制，并能够熟练进行数控加工设备操作、数控机床维修、调试及维护的高技能人才。

(二)毕业生面向的主要就业岗位及岗位能力要求

1. 数控加工工程师

能够编制数控加工工艺文件；熟悉数控加工生产的全过程，能够进行生产管理；能够解决数控加工过程中的技术问题；能设计工艺装备；熟练使用CAD/CAM软件。

2. 数控编程岗位

掌握数控加工工艺知识，熟练掌握手工编程和自动编程技术。

3. 数控设备操作工岗位

掌握机械加工和数控加工工艺知识，熟练操作数控机床，能完成手工编程任务，了解自动编程，并能够对数控机床进行日常保养和简单维修。

4. 数控机床维护、维修人员

能够完成数控机床的维护保养任务；掌握数控机床的机械结构和机电联调技术，熟悉各种数控系统的特点、软硬件结构，精通数控机床的机械和电气维修技术。

(三)职业能力目标

1. 基本职业能力目标

①普通车床、铣床操作能力，达到国家职业标准初级工或中级工水平；

②数控车床、数控铣床和加工中心操作能力，达到国家职业标准中级工或高级工水平；

③数控工艺编制能力，达到初级或中级数控工艺员水平。

2. 关键能力目标

①遵守法律、法规和有关规定；

②爱岗敬业，具有高度的责任心；

③严格执行工作程序、工作规范、工艺文件和安全操作规程；

④爱护设备及工具、夹具、刀具、量具；

⑤养成文明生产意识。

国家职业标准
分析报告

职业名称：《数控车工》《数控铣工》
主 持 人：×××

××××××学院

说明：数控车工和数控铣工国家职业资格证书是数控技术专业毕业生需要取得的证书之一。故本分析报告的结论，必须与专业人才培养目标所要求的其他职业的国家职业标准分析报告一同使用，才能最终获得专业人才培养方案的课程种类和内容。

一、“职业概况”部分的分析

1. 职业等级

《数控车工》和《数控铣工》国家职业标准均设置了四个职业等级，分别为中级、高级、技师、高级技师。因此，职业人才培养的起点为中级工。

2. 申报条件

《数控车工》和《数控铣工》国家职业标准在各职业等级的申报条件中，有关学校培养的相关规定有两条，分别是：

①中级申报条件规定：“取得经劳动保障行政部门审核认定的，以中级技能为培养目标的中等以上职业学校本职业或相关专业毕业证书”可申请参加中级职业资格技能鉴定，合格者可颁发相应资格证书。

②高级申报条件规定：“取得经劳动保障行政部门审核认定的，以高级技能为培养目标的职业学校本职业或相关专业毕业证书”可申请参加高级职业资格技能鉴定，合格者可颁发相应资格证书。

技师和高级技师的申报条件要求较高，且一般应有2～4年的工作经历，这与高职学生的总体工作和学习经历水平不相符，只可能在少数优秀的、符合条件的学生中开展申报工作。

根据以上分析，得出以下结论：

①本职业的培养规格，应以数控车工和数控铣工的中级工和高级工职业能力要求为主要依据，考虑到职业技术快速发展的现状，以及学生今后职业生涯的发展需要，适当增加一些技师等级要求的知识和技能内容。

②技师和高级技师两个等级的工作要求和基本知识要求，作为教学的参考资料，选择性地列入课程内容。对定向培养的学生，要将用人单位的要求按需要纳入课程之中。

二、“工作要求”部分分析

(一)《数控车工》工作要求分析

1. 职业功能与工作内容分析

《数控车工》中级工职业功能与工作内容如图1所示，中级数控车工的职业功能有五项，分别是加工准备、数控编程、数控车床操作、零件加工及数控车床维护和故障诊断。

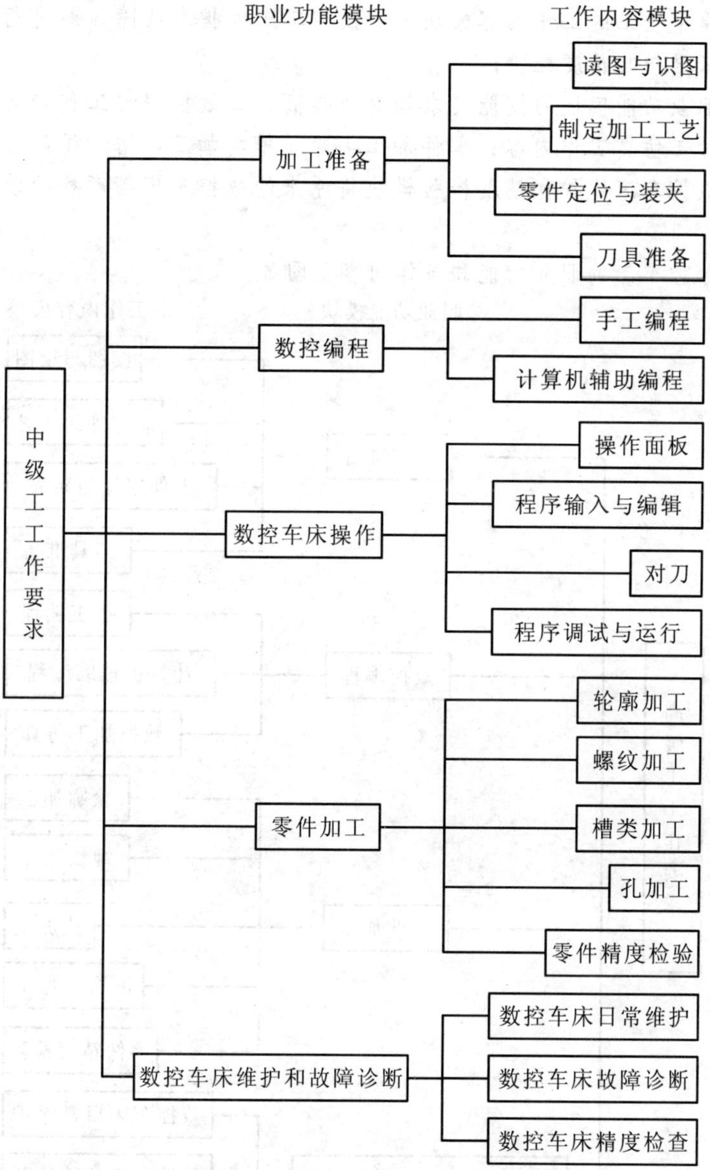

图 1　中级数控车工工作要求

图 2 所示为高级工的职业功能模块。与图 1 比较后可知，高级工的职业功能有以下几个变化：

①职业功能模块由五个减为四个，减少了数控车床操作职业功能模块；

②对原中级工的工作内容模块——数控车床维护和故障诊断进行调整，改为数控车床维护与精度检验；

③各职业功能模块的技能要求均有所提高，如数控编程工作内容模块，增加了数控加工仿真工作内容；零件加工去除了槽类加工，增加了配合件加工工作内容；数控车床维护和精度检验模块将原来的数控车床精度检验改为机床精度检查。

高级数控车工的职业功能和工作内容见图2。

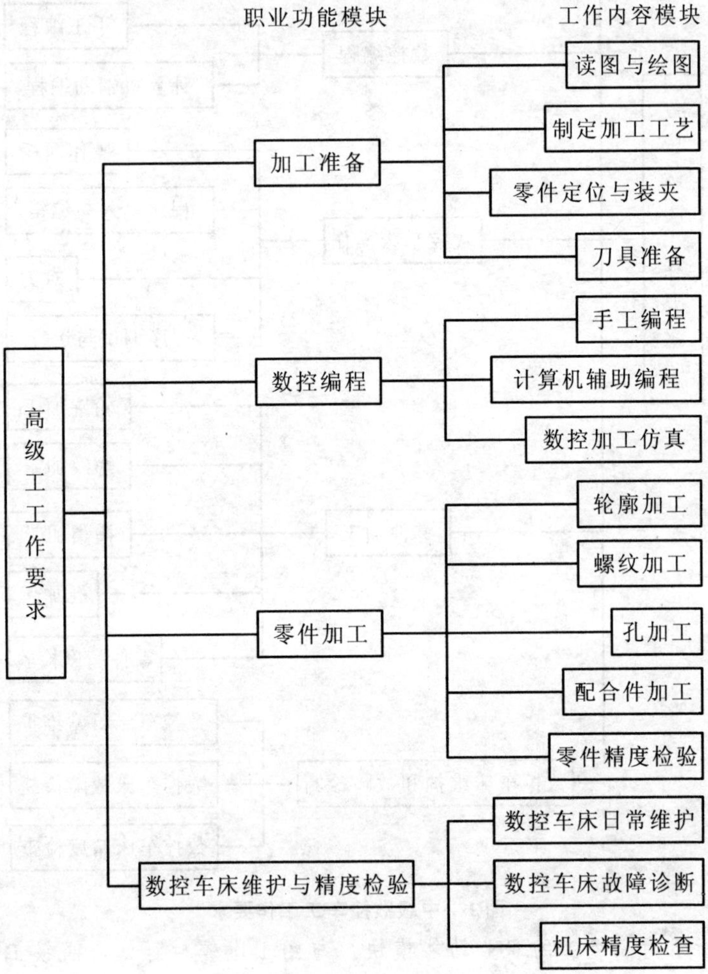

图2 高级数控车工工作要求

2. 技能要求分析

根据国家职业标准中“中级、高级、技师、高级技师的技能要求依次递进，高级别涵盖低级别要求”的原则，可以得出以下启示。

①在中级和高级工作要求中同时出现的职业功能和工作内容，其高级工的技能要求一定高于中级工的技能要求，两者之间的内容是递进关系，反映的是高等级人员职业能力要求增高的趋势。因此，两类内容必须同时保留。如零件定位与装夹工作内容，中级工的技能要求是：能使用通用夹具(如三爪自定位卡盘、四爪单动卡盘)进行零件装夹与定位；高级工的技能要求则有三项：

◆能选择和使用数控车床组合夹具和专用夹具；

◆能分析并计算车床夹具的定位误差；

◆能设计与自制装夹辅具(如心轴，轴套，定位件等)。

显然，同一个职业功能高级工的要求远远高于中级工。

②高级工中新出现的职业功能与工作内容是对高级别从业人员的要求，反映了高等级从业人员职业活动范围变宽的趋势，其建立实施的基础是掌握低一级职业技能。如职业功能——零件加工，要求高级工完成配合件的加工，而这一工作内容在中级工中是没有的，但配合件加工技术是在能够进行单个零件合格加工的基础上进一步得到的。

③只出现在中级工工作要求和功能模块中的内容，说明是从事职业活动的最基本要求，技术含量较低，技术的内涵较少，是职业学习中较容易掌握的内容。

(二)《数控铣工》工作要求分析

1. 职业功能与工作内容分析

《数控铣工》中级工职业功能与工作内容如图 3 所示，中级数控铣工的职业功能有五项，分别是加工准备、数控编程、数控铣床操作、零件加工及数控铣床维护和故障诊断。

图 4 所示为高级工的职业功能模块，与图 3 比较后可知，高级工的职业功能模块有以下几个变化：

①对原中级工的数控铣床维护和故障诊断工作内容模块进行调整，改为数控铣床维护与精度检验模块；

②各职业功能模块的技能要求均有所提高。如数控编程增加了数控加工仿真工作内容；零件加工模块，将槽类加工改为深槽加工，曲面加工改为曲线加工；增加了配合件加工工作内容；数控铣床维护与精度检验模块将原来的机床精度检查改为机床精度检验。

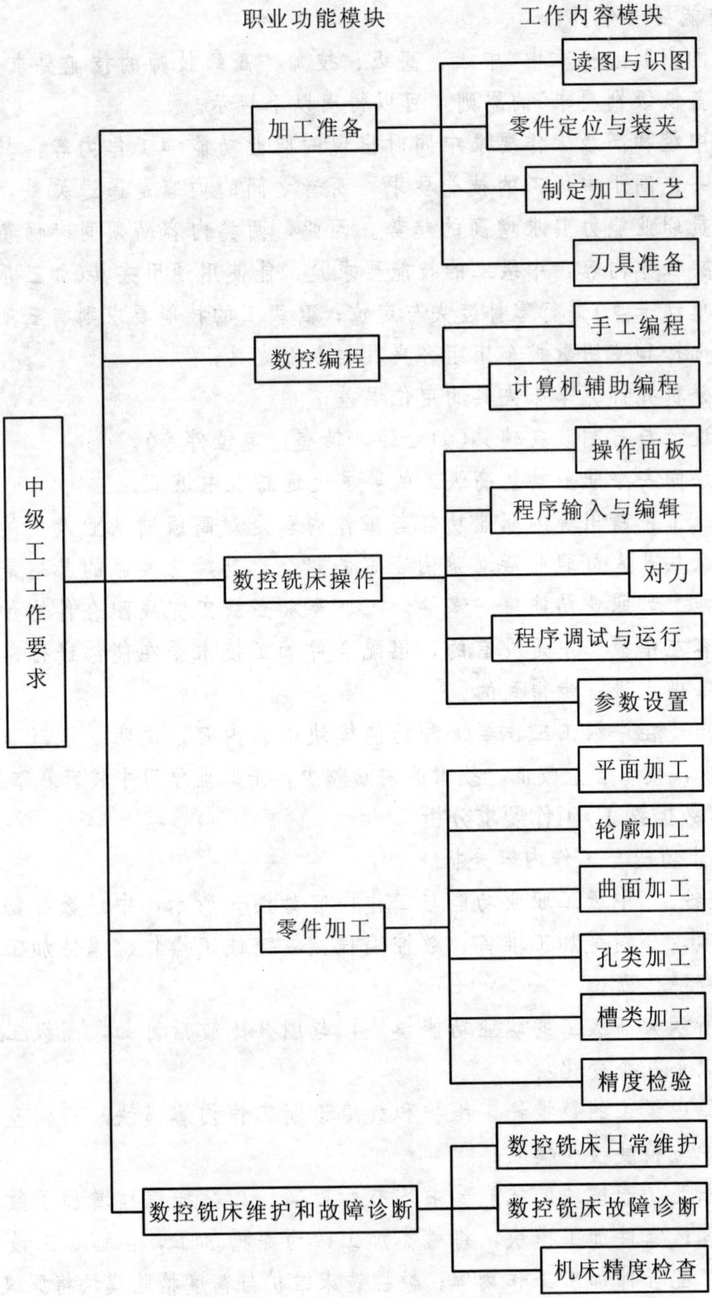

图 3 中级数控铣工工作要求

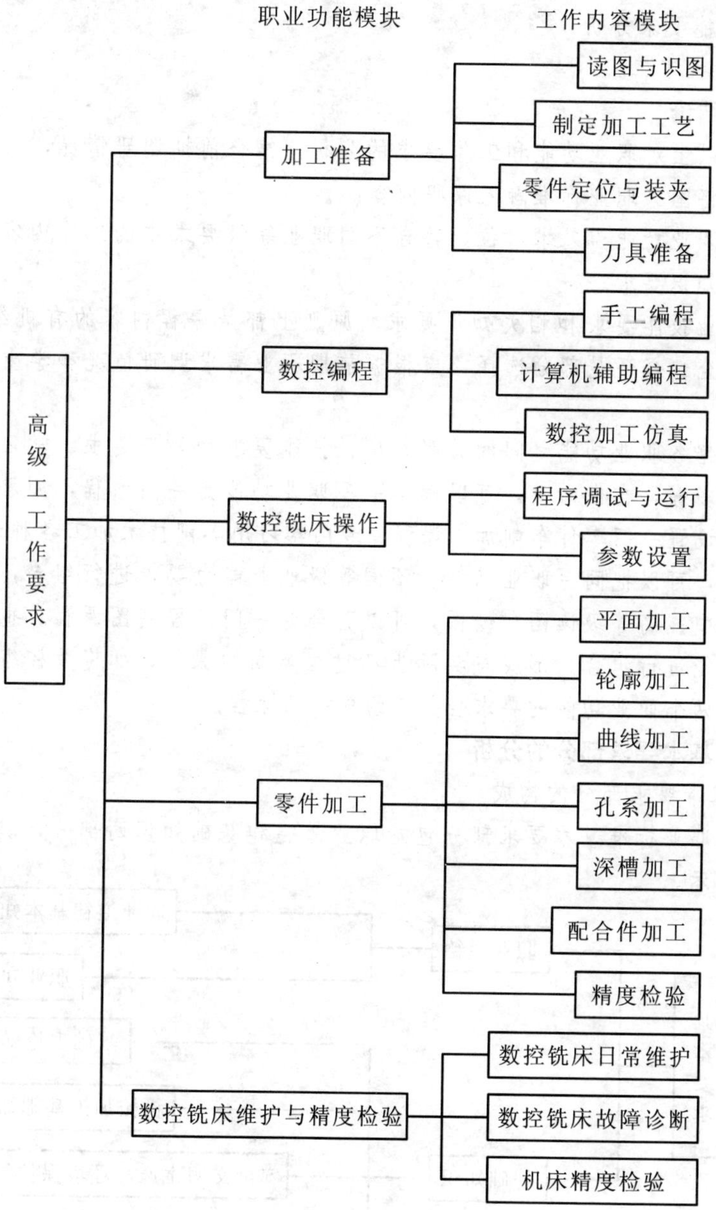

图 4 高级数控铣工工作要求

2. 技能要求分析

同《数控车工》。

(三)结论

通过以上对职业功能和工作要求的分析，结合前期调研情况，采用以下原则和方法将国家职业标准融入课程内容：

①以职业功能为基本单位，整合不同职业等级要求中的工作内容、技能要求和相关知识要求。

②职业技能要求和相关知识要求，原则上都是课程内容的有机组成部分。但是，完全选择还是部分选择，应根据前期职业需求调研情况和学生背景情况决定。

③根据各职业功能之间的关联程度、技能要求和知识要求、学习的难度以及内容的多寡，在横向上，可以确定一项职业功能为一门课程，如零件加工功能，可以设置一门零件车削加工课程，专门学习用车削技术加工各种形状表面。在纵向上，可以把同一职业功能、不同等级职业能力要求进行组合，形成一门课程，如中、高等级读图和绘图，可以整合为一门工程制图课程。也可以将不同职业功能进行组合，形成与实际生产过程类同的课程，如将数控编程和数控车床操作两个职业功能的要求合并，组成一门课程。

三、基本要求部分的分析

1. 基本要求部分的构成

国家职业标准基本要求部分包括职业道德和基础知识两部分，其具体构成如图5所示。

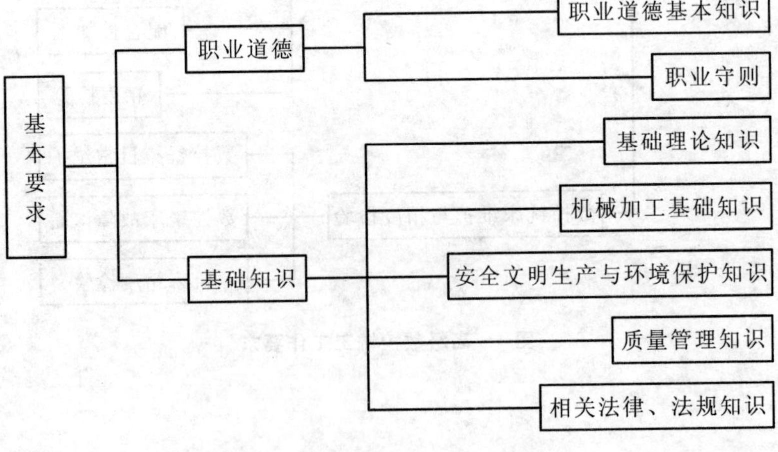

图5 基本要求部分的构成结构

2. 结论

职业道德和基础知识两部分内容按以下原则处理。

(1)职业道德部分

职业道德部分包括的基本知识，是各领域职业的通用要求，采用复合学习法融入课程体系。即一部分内容开设专门课程供学生学习，另一部分内容融入专业课程之中。如诚实守信，尊重他人等要求要体现在整个职业能力培养中；再如，职业守则是各职业根据职业活动特点、性质，提出的带有鲜明职业特色的从业人员应遵守的规定和要求，因此可根据学校专业设置情况安排专门课程供学生学习。

(2)基础知识部分

基础知识部分中，相关法律、法规知识是各职业通用知识，为提高教学效率，应设置专门课程；质量管理知识和文明生产与环境保护知识，因其大部分内容属职业通用性知识，故也应以集中学习为主，但其中涉及本职业的内容应在相关课程中体现。

(3)基础理论知识和机械加工基础知识

基础理论知识和机械加工基础知识，均是与职业能力形成直接相关的知识内容，应分门别类地归入各课程中。

四、专业课程设置方案

(一)《数控车工》职业课程设置方案建议

根据《数控车工》国家职业标准分析结果，结合行业(企业)调研情况，确定数控车工职业能力培养课程如表1所示。

表1 《数控车工》职业能力培养课程

课程类型	建议开设的课程	主要内容	课程顺序	学时
职业基础课程	机械零部件造型与测绘	1. 零件图的识读与绘制； 2. 装配图的识读与绘制； 3. 零件的测绘方法	1	
	工程材料	1. 机械工程材料； 2. 热处理工艺及对车削加工性能的影响	1	
	机械基础	1. 机构及机械零件设计与选用； 2. 液压、气动基础知识	1	

续表

课程类型	建议开设的课程	主要内容	课程顺序	学时
职业基础课程	专业英语	与数控加工技术相关的技术文件的阅读	1	
	计算机基础	1. 计算机基本应用； 2. 计算机在数字化制造中的应用	1	
基本职业能力课程	机械制造技术	1. 机械制造工艺规程编制； 2. 工艺装备设计； 3. 加工质量分析技术	2	
	数控车削加工	1. 数控车削加工工艺文件编制； 2. 零件定位与装夹； 3. 刀具、量具选用	2	
	组合件加工	不同精度等级、不同型面的配合件加工	3	
	数控编程与程序调试	1. 数控编程基础； 2. 程序输入与编辑、程序调试与运行	2	
	数控车床故障诊断与维修	1. 常用的故障诊断方法与仪器； 2. 常用的维修方法； 3. 数控车床的日常维护保养知识	3	

说明：1. 课程顺序中，相同数字代表可同时开课。

2. 课程的主要内容是该职业的专门职业能力要求，不能改变。

3. 建议开设的课程可与其他职业要求开设的能力培养课程进行整合。

(二)《数控铣工》职业课程设置方案建议

根据《数控铣工》国家职业标准分析结果，结合行业(企业)调研情况，确定数控铣工职业能力培养课程如表2所示。

表 2 《数控铣工》职业能力培养课程

课程类型	建议开设的课程	主要内容	课程顺序	学时
职业基础课程	机械零部件造型与测绘	1. 零件图的识读与绘制； 2. 装配图的识读与绘制； 3. 零件的测绘方法	1	
	工程材料	1. 机械工程材料； 2. 热处理工艺及对车削加工性能的影响	1	
	机械基础	1. 机构及机械零件设计与选用； 2. 液压、气动基础知识	1	
	专业英语	与数控加工技术相关的技术文件的阅读	1	
	计算机基础	1. 计算机基本应用； 2. 计算机在数字化制造中的应用	1	
基本职业能力课程	机械制造技术	1. 机械制造工艺规程编制； 2. 工艺装备设计； 3. 加工质量分析技术	2	
	数控铣削加工	1. 数控铣削加工工艺文件编制； 2. 零件定位与装夹； 3. 刀具、量具选用	2	
	组合件加工	不同精度等级、不同型面的配合件加工	3	
	数控编程与程序调试	1. 数控编程基础； 2. 程序输入与编辑、程序调试与运行	2	
	数控铣床故障诊断与维修	1. 常用的故障诊断方法与仪器； 2. 常用的维修方法； 3. 数控车床的日常维护保养知识	3	

(三)专业课程设置方案

经过对《数控车工》和《数控铣工》职业能力培养课程方案分析，将表 1 和表 2 进行整合后，得到表 3 的专业课程设置方案。

表 3　数控加工技术专业课程

课程类型	建议开设的课程	主要内容	课程顺序	学时
职业基础课程	机械零部件造型与测绘	1. 零件图的识读与绘制； 2. 装配图的识读与绘制； 3. 零件的测绘方法	1	
	工程材料	1. 机械工程材料； 2. 热处理工艺及对车削加工性能的影响	1	
	机械基础	1. 机构及机械零件设计与选用； 2. 液压、气动基础知识	1	
	专业英语	与数控加工技术相关的技术文件的阅读	1	
	计算机基础	1. 计算机基本应用； 2. 计算机在数字化制造中的应用	1	
基本职业能力课程	机械制造技术	1. 机械制造工艺规程编制； 2. 工艺装备设计； 3. 加工质量分析技术	2	
	数控车削加工	1. 数控车削加工工艺文件编制； 2. 零件定位与装夹； 3. 刀具、量具选用等	2	
	数控铣削加工	1. 数控铣削加工工艺文件编制； 2. 刀具、量具选用等	2	
	组合件加工	不同精度等级、不同型面的配合件加工	3	
	数控编程与程序调试	1. 数控编程基础； 2. 程序输入与编辑、程序调试与运行	2	
	数控机床故障诊断与维修	1. 常用的故障诊断方法与仪器； 2. 常用的维修方法； 3. 数控车床的日常维护保养知识	3	

实践专家研讨会
总结报告

专业(课程)代码：××××××

专业(课程)名称：数控技术

会议时间：××××××

会议地点：××××××

会议主持人：×××

××××××学院

一、第一实践专家研讨会基本情况

(一)参会人员(名单略)

签到表样式见表1。

表1　参会人员签到表

序号	姓名	年龄	单位	职业岗位	职称	从业年限

注：参会人员及要求：

1. 实践专家(10～15人)、课程开发工作人员；

2. 各专家之间没有利益关系。

(二)会议目标

初步确定职业能力培养目标及培养体系结构，提出课程设置草案。

(三)会议程序

会议议程见表2。

表2　第一次实践专家研讨会议程

议程	任　务	工作责任人
1. 会议开始	1. 介绍专家，融洽关系 2. 介绍会议目的、会议议程及工作方法 3. 提出工作要求，明确相关概念 (1)个人职业历程陈述要求 (2)会议记录要求	主持人

续表

议程	任　　务	工作责任人
2. 个人职业历程介绍	1. 按时间顺序将个人职业历程，依据能力要求的高低划分为3～5个阶段； 2. 简述每个阶段所完成的代表性工作任务3～4个； 3. 在职业历程的不同阶段，提高职业能力的方式是什么？(在职培训、集中学习、业余学习、咨询、拜师学习等)； 4. 对个人职业历程影响最大的因素是什么？； 5. 成功进入更高一级阶段的契机或原因是什么？	1. 实践专家； 2. 课程小组成员(记录)
3. 确定就业岗位及专业能力项目	1. 详细列出本专业对应的就业岗位名称； 2. 分解各工作岗位需要的职业能力项目	1. 主持人； 2. 实践专家
4. 初步确定代表性职业工作任务	1. 归纳、整理实践专家列举的工作任务； 2. 采用权值计算法确定代表性职业工作任务20～30个	同上
5. 职业工作任务分类	1. 将初步确定的职业工作任务，根据相关性原则分类； 2. 按职业工作任务对职业技能和专业知识水平要求高低排序	1. 主持人； 2. 实践专家； 3. 课程专家
6. 描述职业工作任务的基本内容	1. 详细描述各职业工作任务的工作过程、工作对象及工作要求； 2. 详细描述完成职业工作任务的工作方法、使用的设备、工具、工装等	1. 主持人； 2. 实践专家
7. 确定课程及内容	1. 对职业工作任务，按教育教学规律再次进行分类组合； 2. 根据分类组合结果，确定课程	1. 主持人； 2. 实践专家； 3. 课程专家
8. 确定课程形式	根据已确定的职业工作任务的特征，确定课程类型： (1)项目课程； (2)实训课程； (3)理实一体化课程； (3)专题课程； (4)其他形式课程	同上

续表

议程	任　务	工作责任人
9. 形成课程设置草案	对形成的课程设置草案提出修改建议	同上
10. 结束	结束会议	

二、第二实践专家研讨会基本情况

(一)参会人员(名单略)

(二)会议目标

1. 确定专业课程体系结构及各门课程内容；
2. 描述各项职业工作内容，确定各门课程内容编排的逻辑主线。

(三)会议议程

会议议程见表3。

表3　第二次实践专家研讨会议程

议程	任　务	工作责任人
1. 会议开始	1. 介绍专家，融洽关系； 2. 介绍会议目的、会议议程及工作方法； 3. 提出工作要求： (1)评价课程设置草案，并形成正式方案； (2)审查专业课程的内容是否覆盖了必需的职业能力	主持人
2. 评价课程设置草案	1. 归纳、整理实践专家意见； 2. 形成正式的专业课程设置方案	1. 主持人； 2. 实践专家
3. 审查课程内容和形式	1. 审查课程内容的覆盖性； 2. 审查课程类型的适宜性	1. 主持人； 2. 实践专家； 3. 课程专家
4. 形成课程设置方案	完成专业课程设置方案	同上
5. 结束	结束会议	

三、会议成果

(一)数控技术专业毕业生就业岗位

1. 核心工作岗位

数控机床操作岗位、数控程序编制岗位、数控加工工艺师岗位。

2. 相关工作岗位

普通机床操作岗位、产品检验岗位、生产管理岗位、数控机床装配与维修岗位。

(二)专业培养目标和人才规格

1. 专业培养目标

学生毕业时应达到:

①掌握现代制造的基本理论、方法和技术,掌握数控加工工艺和数控加工程序编制,掌握典型数控机床的结构和工作原理等基本知识。

②具备数控机床的操作、编程、管理与维护维修技能,能在机械制造企业生产一线从事加工制造、技术管理等工作。

2. 人才规格

(1)知识方面

较系统地掌握本专业领域的基本理论知识,主要包括机械制图、机械设计基础理论与加工制造技术及理论、计算机应用技术、数控技术、CAD/CAM技术等。

(2)专业能力方面

具有熟练运用CAD/CAM软件进行机械零件设计的能力;具有较强的制图能力;具有熟练编制数控机床(数控车床、数控铣床、加工中心等)加工程序及操作数控机床的能力,并取得数控机床操作国家职业资格中级及以上证书;具有选用和设计工艺装备的能力;具备编制零件制造工艺规程的能力;具备正确选择切削参数的能力;具备钳工的基本职业能力;具备对机床进行日常维护和保养的能力;具有本专业的新技术、新工艺、新设备的消化、吸收和应用的基本能力;了解现代制造企业的运作模式以及生产一线技术管理、生产管理、质量管理的基本理论和方法,具有一定的组织管理能力等。

(3)素质方面

要求具有良好的思想政治素质、品质素质、身体心理素质、科学文化素质和职业素质,具有较扎实的自然科学基础和较好的人文社科基础,能够阅读本专业英文技术资料;具有较好的协作能力、公关能力、适应能力、自学能力和创新能力。具有严格执行工作程序、工作规范、工艺文件的意识；具有产品质量意识；并做到爱岗敬业，忠于职守，自觉履行各项职责。

(4)职业资格证书要求

①取得数控机床操作工国家职业资格中级工证书(根据实际情况，选择数控铣床、数控车床、加工中心的一种或两种职业资格证书)，优秀的学生可取得数控机床国家职业资格高级证书。

②取得车工或铣工国家职业资格证书(初级及以上等级)。

③取得制图员国家职业资格证书(初级及以上等级)。

(三)专业能力目标项目

图1是专业能力目标分解图。

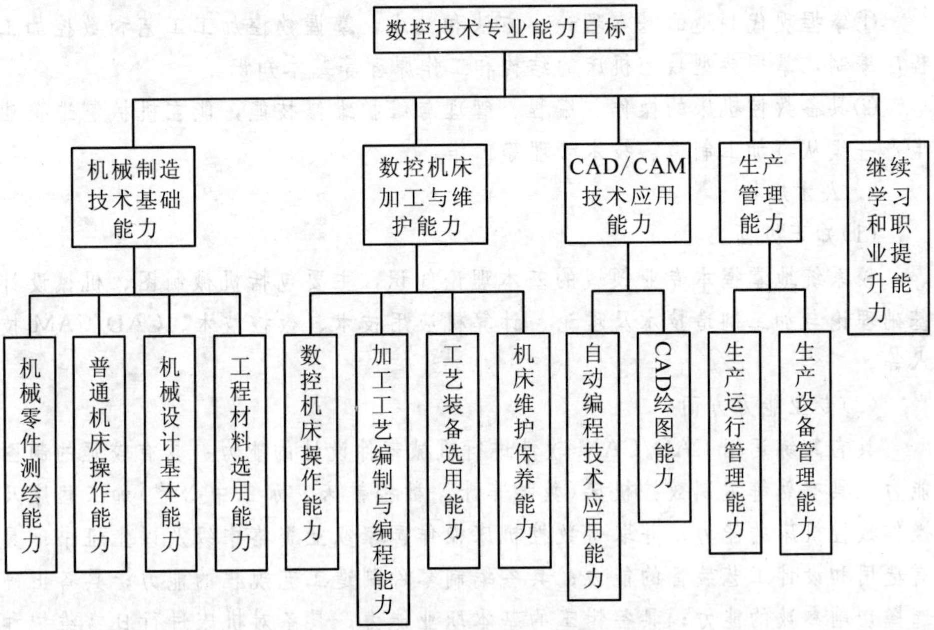

图1 数控技术专业能力目标分解图

(四)专业课程设置方案建议

专业课程设置总体方案见图2。

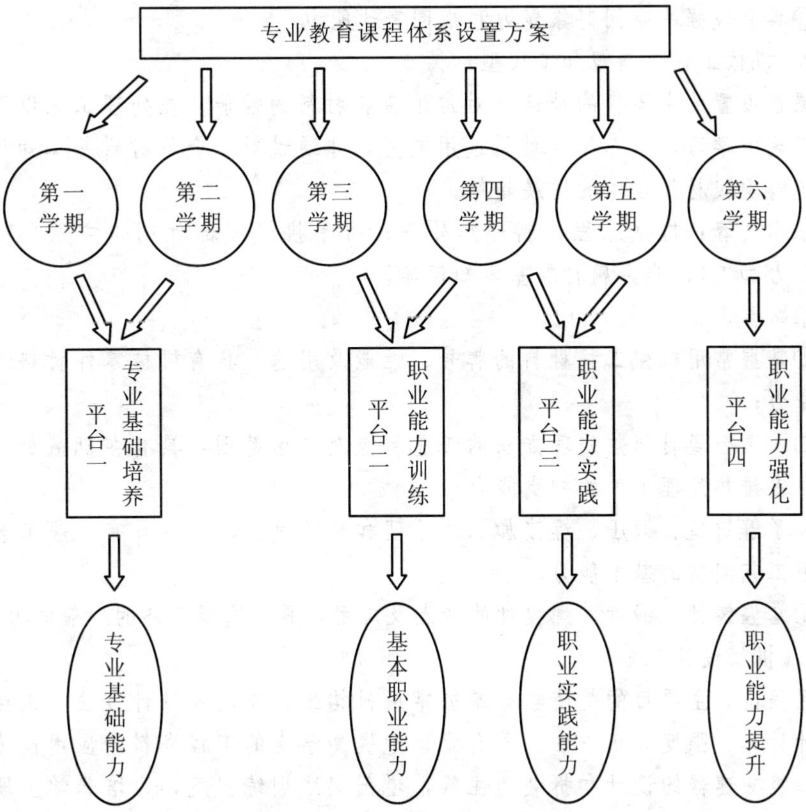

图2　专业课程设置总体方案

(五)主要课程科目设置及内容说明

1.《机械零件造型与测绘》

将工程制图与AutoCAD整合，主要讲授：用正投影法画出机器、部件和零件图样的方法；图样中的“技术要求”以及尺寸的合理标注；AutoCAD软件的主要功能和特性以及使用方法和技巧。

基本内容：画法几何；机械制图；计算机辅助绘图。

基本要求：

①掌握画法几何的基本原理和基本方法；

②熟悉机械制图的标准；

③能绘制较复杂的装配图和零件工作图；

④能正确标注尺寸、公差配合、表面粗糙度以及技术要求；

⑤具有计算机绘图的能力；

⑥具有较强的空间想象能力和视图表达能力。

2.《机械工程材料与加工成型》

课程设置的主要目的是通过对常用金属材料的性能、热处理工艺以及加工成型工艺的学习，培养学生材料选用能力，并通过对非金属材料基本知识的学习，了解现代材料技术的发展趋势。

基本内容：机械工程材料；热处理；常用机械零部件制造方法(铸、锻、焊、压力加工)；非金属材料基本知识等。

基本要求：

①掌握常用机械工程材料的牌号、性能及用途，具有机械零件材料选择的初步能力；

②掌握金属材料热处理方法的工艺特点及应用范围，具有在机械加工工艺路线中安排热处理工序的初步能力；

③了解铸造、锻压、焊接加工的原理和工艺过程，初步具有一般工艺分析和常用工艺实施的基本能力；

④掌握铸件、锻件、焊接件的特点及应用，具有选择毛坯的一般能力。

3.《机械设计基础》

课程设置主要目的是使学生掌握常用机构工作原理及设计方法、机械零件的设计计算、强度分析方法，并有意识地提高学生的工程资料的应用能力。课程以二级减速器的设计和拆装为主线，增强实践训练强度，为培养学生职业工作能力和良好的职业工作习惯奠定基础。

基本内容：工程力学(理论力学，材料力学)；常用机构类型及设计；通用机械零件设计；常见传动装置设计等。

基本要求：

①掌握工程力学(理论力学，材料力学)的基本知识及其在工程中的应用；

②掌握常用机械特性及其工作原理；

③掌握通用零件的设计、选用方法；

④掌握常见传动装置(带传动、齿轮传动)的设计方法。

4.《公差配合与技术测量》

课程围绕机械制造对公差配合与技术测量的要求，结合工程背景，引入实践案例，提高学生的技术应用能力。

基本内容：光滑圆柱体结合的公差与配合；长度测量；形状和位置公差及检测；表面粗糙度及检测；光滑极限量规设计与使用；滚动轴承的公差与配合；

圆锥和角度公差及检测；螺纹公差及检测；键和花键的公差及检测；圆柱齿轮传动公差及检测等。

基本要求：

①掌握公差配合国家标准的基本术语、定义、内容，掌握公差配合的选用原则和方法，能正确进行图样标注；

②具备独立测量几何参数的基本技能，具有处理和表达测量结果的能力；

③掌握圆柱型面用检验量规的设计、制造方法；

④了解互换性与测量技术学科的发展现状，具有一定的自学能力。

5.《机械制造技术》

课程设置的主要目的是使学生掌握机械加工制造的相关技术，培养切削加工从业人员的专业基本素质，提高专业技术理论和生产实践相结合的能力。如正确使用相关技术资料、国家及行业标准、查阅各种图表的能力，编制机械加工工艺规程的能力，设计工装的能力等。

基本内容：金属切削原理与刀具；机床夹具设计；机械加工工艺编制；机械加工质量分析；特种加工技术介绍。

基本要求：

①掌握机械加工工艺规程编制方法；

②掌握刀具材料及角度选择原则；

③能确定工件定位方案；

④掌握工艺装备设计方法；

⑤掌握技术资料使用方法。

6.《通用机床加工1～2》

课程设置的主要目的是培养车工和铣工职业能力，训练学生的普通车床、普通铣床的加工技术能力，实现专业技术理论与生产实践的结合。

基本内容：普通车削加工和铣削加工技术；确定工件定位方案；切削用量选择；加工质量分析。

基本要求：

①掌握车、铣加工工艺特点及应用；

②掌握选择刀具、切削用量的选择方法；

③掌握工件定位原理与方法；

④掌握车、铣加工中，常见质量问题的解决方案；

⑤掌握车床、铣床的日常维护保养技术；

⑥掌握车床、铣床常见故障诊断方法和故障排除技术。

7.《数控加工技术》

本课程主要讲授数控车床、数控铣床和加工中心等设备的加工技术，使学生掌握数控加工工艺的特点，为数控加工实训奠定基础。

基本内容：数控加工工艺；数控程序编制；加工质量分析。

基本要求：

①掌握简单(轴、套、盘)零件的加工工艺编制方法；

②掌握数控加工程序编制技术；

③掌握刀具参数设置、刀具类型选择方法；

④掌握程序校验、运行、零件试切方法；

⑤掌握数控加工常见质量问题的解决方案；

⑥掌握数控机床日常维护的内容和方法；

⑦掌握数控机床常见故障的诊断和排除技术。

8.《数控车工实训》

本课程通过数控车床加工实践，培养学生的数控车床加工技术能力，使职业知识和职业素质达到数控车工(中级及以上)国家职业标准的要求。

基本内容：数控车床加工技术；数控车削加工程序编制；数控车削加工质量分析。

基本要求：

①掌握数控车削加工技术；

②掌握轴、套、盘及带螺纹零件的加工工艺编制方法；

③掌握数控加工程序编制技术；

④掌握刀具参数设置、刀具类型选择方法；

⑤掌握程序校验、运行、零件试切方法；

⑥掌握数控车削加工常见质量问题的解决方案；

⑦掌握数控车床日常维护的内容和方法；

⑧掌握数控车床常见故障诊断和排除技术。

9.《数控铣工实训》

本课程通过数控铣床加工实践，培养学生的数控铣床加工技术能力，使职业知识和职业素质达到数控铣工(中级及以上)国家职业标准的要求。

基本内容：数控铣削加工技术；数控铣削加工程序编制；数控铣削加工质量分析。

基本要求：

①掌握数控铣削加工技术；

②掌握平面、轮廓、曲面、孔、槽等加工工艺的编制方法；

③掌握刀具参数设置、刀具类型选择方法；

④掌握刀具的半径及长度测量方法；

⑤掌握数控铣削加工常见质量问题的解决方案；

⑥掌握数控铣床日常维护的内容和方法；

⑦掌握数控铣床常见故障诊断和排除技术。

10.《数控机床故障诊断与维修》

课程主要讲授机床数控系统、主轴系统和进给伺服系统、机械本体等部分的故障诊断与维修的基本方法和要求以及数控机床的故障预防和维护保养方法和技术。课程应重点突出典型数控系统，如FANUC、SIEMENS和华中数控系统的基本故障诊断和维修的方法。

基本内容：数控机床基础知识；常用数控机床与附件；数控机床的管理与维护；数控机床机械结构故障诊断与维修；伺服系统的故障诊断与维修；数控机床的选购、安装、调试与验收；数控机床常用故障诊断仪器。

基本要求：

①掌握数控机床的基本结构与常用附件的使用方法；

②掌握数控机床故障诊断方法和技术；

③掌握数控机床的维护内容和要求；

④了解数控机床的选购、安装、调试与验收程序和要求。

11.《机械CAD/CAM》

课程主要讲授常用的CAD/CAM软件(例如UG、PRO/E、MASTER-CAM、CAXAXP等)的使用方法，使学生掌握利用虚拟制造、虚拟装配等技术，进行产品设计干涉检查的综合技能，并提高制定零件加工工艺和自动编程的工作能力。

基本内容：产品的二维、三维造型方法；利用软件进行数控编程和仿真加工的技术。

基本要求：

①掌握二维绘图、三维实体设计方法；

②掌握曲面设计方法；

③掌握典型零部件的数控加工工艺编制技术；

④掌握 MASTERCAM 软件生成二维刀具路径的方法；

⑤掌握 MASTERCAM 中加工曲面的方法；

⑥掌握运用仿真软件进行多轴仿真加工的技术；

⑦掌握加工质量分析的技术。

12.《电工与电子基础》

基本内容：直流和交流电路；磁路与变压器；工业企业供电与安全用电；电工测量和仪表；晶体管放大电路；负反馈；集成运算放大器；稳压电路；振荡电路及脉冲数字电路；示波器等电子仪器与仪表。

基本要求：

①能正确掌握电工工艺中的基本概念、基本理论、基本定律、工作原理和基本分析方法；

②熟悉工厂供电知识与安全用电的有关技术问题；

③了解常用电子元器件的特性和主要参数，并能合理选用；

④掌握模拟电子电路的基本原理与数字电路的组成及分析方法；

⑤掌握常用电子仪器、仪表的基本结构、工作原理、各种测量方法，并掌握使用方法。

13.《可编程控制器原理》

基本内容：PLC 的基础知识；工作原理；控制指令；编程语言；编程方法；控制系统的设计与应用、安装、维护及通信。

基本要求：

①掌握 PLC 的基础知识；

②掌握可编程控制器工作原理、控制指令；

③掌握编程语言、编程方法；

④掌握控制系统的设计与应用、安装、维护及通信。

14.《企业生产管理》

课程设置的主要目的是使学生熟悉企业生产过程和生产组织形式，掌握机械制造企业生产管理知识，能够胜任生产现场管理工作，初步具备一定的生产管理能力。

基本内容：生产管理的基本概念和基础知识；生产系统的规划与设计；生产系统的后勤管理(包含物资供应、仓库管理等)。

基本要求：

①熟悉生产系统的构成要素和组织形式；

②熟悉生产管理的目标和职能；

③掌握生产系统评价指标；

④掌握划分生产类型的标准；

⑤掌握提高生产能力的途径；

⑥掌握生产监控系统的主要内容；

⑦掌握生产系统物资供应的方式。

15.《高等数学》

基本内容：导数；微分；积分；微分方程。

基本要求：

要求学生能够运用数学方法和技巧分析问题、解决问题，提高逻辑思维能力，为专业课程的学习打下良好的基础。

16.《专业英语》

课程设置的主要目的是满足学生在未来职业工作实践中，英文口头和书面交际的需要，使学生掌握数控行业英语的基本知识，并初步形成把行业英语应用于工作岗位的能力。

基本要求：

①能够阅读机床说明书；

②能就一般性的操作问题咨询专家；

③能够说出数控机床操作面板主要键的名称和含义，掌握英文界面的含义。

17. 职业选修课

从满足学生个体需要和各企业不同的能力要求出发，开设职业选修课，其宗旨是扩大学生的知识面，为学生的特殊需要提供条件，并促进不同专业、不同职业间的知识和技术交流，形成各专业交叉渗透氛围。

(1)《微机原理与接口技术》

讲授常用单片机的典型结构、工作原理与接口技术以及在机电设备中的典型应用。

(2)《传感器与检测技术》

主要讲授传感器工作原理及其特征、中间转换器及与微机的接口，特别是数控机床常用的位置检测元件，如光栅尺、光电编码器、感应同步器等。

(3)《特种加工技术》

基本内容：

电火花加工、电解加工、激光加工、离子加工、电子束加工、超声加工、快速成型及其他新的特种加工方法的原理、特点及应用范围，并简介相关加工机床的结构和各部分的功用。

(4)《模具概论》

基本内容：

压力机、塑料注射机、压铸机的原理和构成；冷冲模、塑料模、压铸模的结构；凸模、凹模、型芯的加工工艺；模具装配与调整方法。

18. 人文选修课

(1)《就业教育》

为就业做好思想、政策、材料、技巧等方面的准备，提高就业竞争力。

(2)《创造学》

主要讲授创造的心理和艺术；创造发明和创新的方法和规律。

(3)《文学艺术欣赏》

讲授各种文学艺术形式的特点和风格，如电影、音乐等；讲授诗词的评价方法和标准；讲授美术欣赏的性质、特点和美术作品的审美构成及提高美术欣赏能力的途径与方法。

(4)《大学生心理卫生》

主要从认知、情绪、人际交往、挫折、网络心理、入学适应、就业、心理咨询等方面，阐述大学生心理卫生知识，讲授大学生中最常见的心理问题，并介绍调适的方法和途径。

课程体系及课程目标设计报告

专业(课程)代码：××××××
专业(课程)名称：数控技术
主　　持　　人：×××

××××××学院

一、课程体系总体框架

“双证书”教育的课程体系如图1所示。该课程体系由系统体系、课程体系、考核体系三个部分组成。系统体系的工作内容，是以国家职业标准为依据，结合所在地区社会经济发展水平、职业技术发展水平以及人才培养目标的要求，确定专业人才培养目标、能力项目、考核方式、人才培养模式等。课程体系的运行实施方式是，以职业能力培养为主线，设置基于职业能力培养的文化课程、理实一体化的职业能力培养课程、职业技能训练课程、专题教学等课程形式，最后通过顶岗实习形成立体化教学网络。学生考核由校内考核＋职业技能鉴定＋用人单位评价三部分组成，并且将考核结果反馈到专业培养目标中，再根据职业理念、技术发展等情况进行调整，实现对教学体系的动态控制。

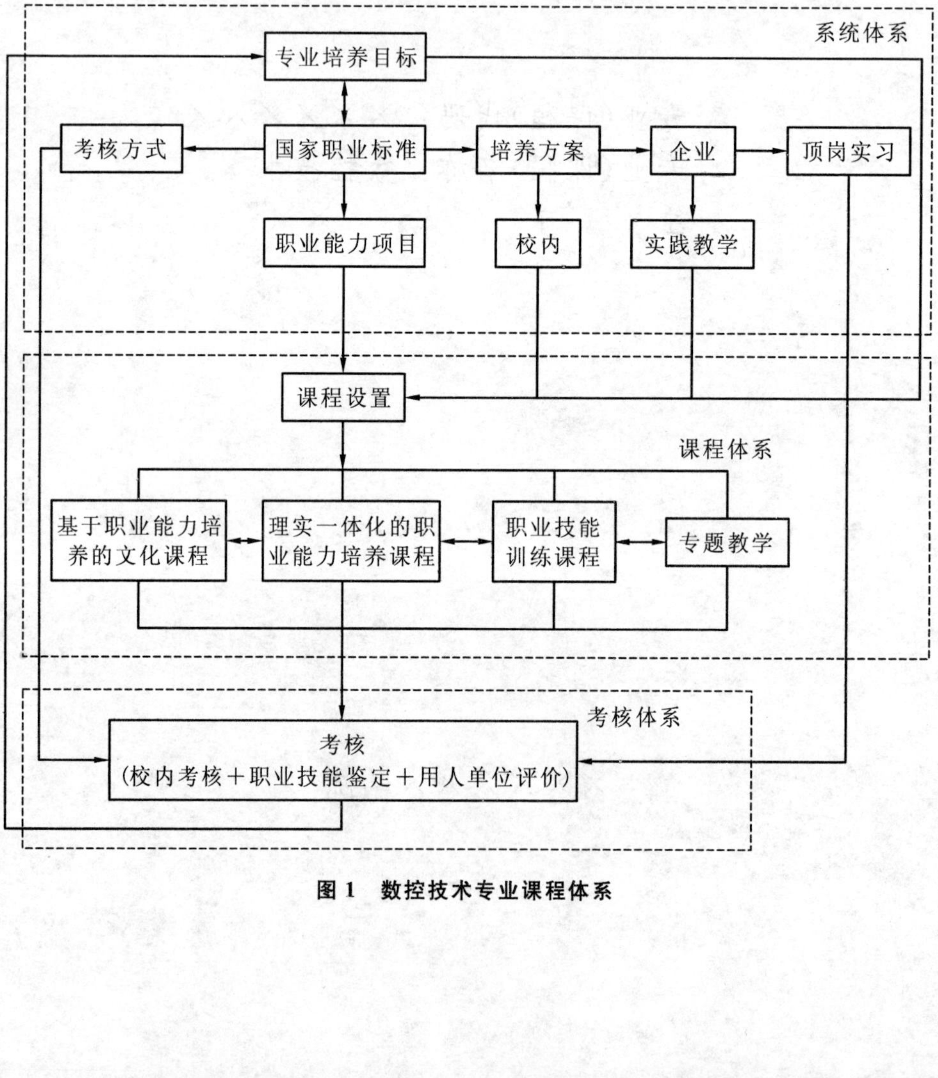

图1　数控技术专业课程体系

二、职业资格证书

本专业可以在以下国家职业资格证书中选取2～3个作为重点培养方向。

①制图员；

②车工；

③铣工；

④数控车工；

⑤数控铣工；

⑥加工中心操作工。

为确保学生毕业时，取得国家职业资格证书，专业课程体系中除一般性的专业技术课程外，还应有针对性地设置一些职业能力培养的专门课程。各国家职业资格证书培养应设置的专门课程见图2。

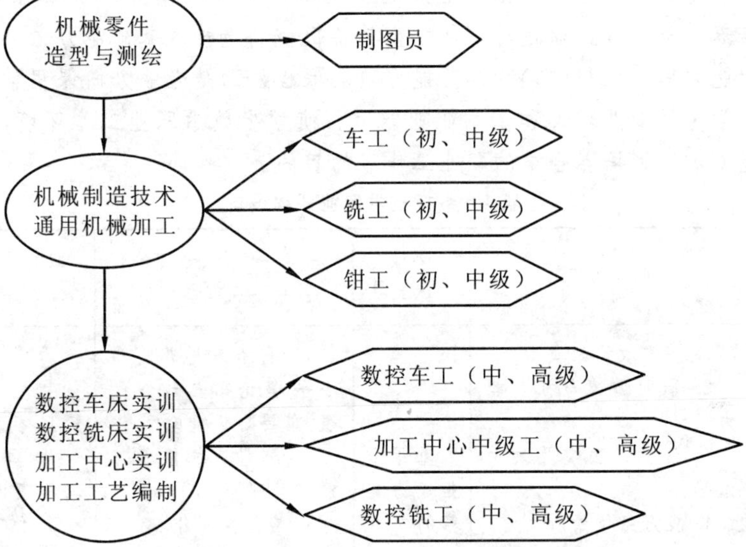

图2　国家职业资格证书与专门课程

三、专业能力培养目标

根据本专业的职业能力培养目标要求，数控技术专业毕业生应具备数控机床操作能力、普通机床操作能力、产品及零部件检验能力、机械加工工艺及程序编制能力、生产技术管理能力等，详细的能力结构如图3所示。

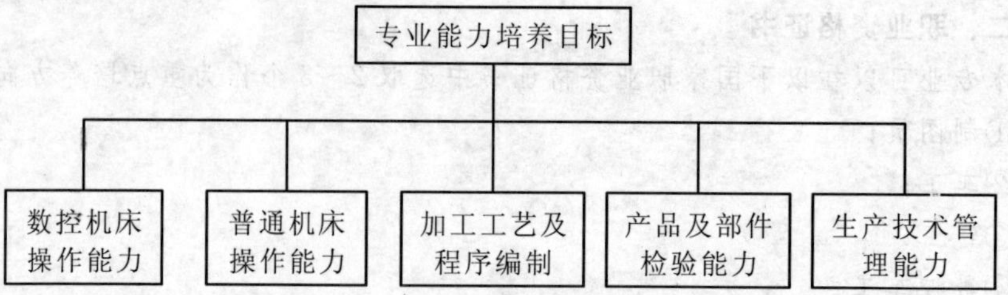

图3　专业能力项目

四、专业课程体系设计

数控技术专业的具体课程设置如表1所示，其中专业核心课程见表2。学生通过职业能力培养课程(一)、职业能力培养课程(二)和职业能力培养课程(三)的学习，获得三个方向的专业能力。

职业能力培养课程(一)是专业基础课程学习平台，包括专业基础理论和基本技能培养两类课程，通过学习使学生具备机械制造技术基础能力。

职业能力培养课程(二)和职业能力培养课程(三)是专业方向课程学习平台，用于培养学生的专业理论和基本职业能力。使学生熟悉职业工作环境，锻炼职业工作能力，达到培养合格的职业工作者的目的。

表1　数控技术专业课程设置

能力类别	能力项目	课程体系	理实一体化(含理论)课程	职业技能训练课程
基本素质与能力	1. 基本政治素质 2. 职业道德与社交能力 3. 法律、法规及政策水平 4. 良好身体素质 5. 工程计算能力 6. 英语应用能力 7. 计算机技术应用能力	基于职业能力培养的文化课程	1. 毛泽东思想、邓小平理论和“三个代表”重要思想概论 2. 思想道德修养与法律基础 3. 应用文写作 4. 大学英语 5. 计算机应用基础 6. 高等数学 7. 职业指导	1. 社会实践 2. 军事理论与军事训练 3. 体育 4. 计算机应用能力训练

续表

能力类别	能力项目	课程体系	理实一体化(含理论)课程	职业技能训练课程
机械制造技术基础能力	1. 识图与绘图能力 2. 工程材料应用能力 3. 机械设计基本能力 4. 机械零件测量基本能力	职业能力培养课程(一)	1. 机械零件造型与测绘 2. 工程材料与加工成型 3. 机械设计基础 4. 公差配合与技术测量 5. 企业生产管理	1. 金工实习 2. CAD实训 3. 参观企业和各种机械设备展览 4. 零件测绘
数控技术应用能力	1. 机械加工工艺编制能力 2. 数控机床操作能力 3. 数控加工工艺编程能力 4. CAD/CAM技术应用能力	职业能力培养课程(二)	1. 机械制造技术 2. 通用机床零件加工(1～2) 3. 数控加工技术 4. CAD/CAM与加工 5. 生产现场管理	1. 数控编程实训 2. MASTERCAM实训 3. 数控车工实训 4. 数控铣工实训 5. 加工工艺编制实训 6. 顶岗实习
数控机床维护能力	1. 电气图识读能力 2. 常用电工仪器、仪表使用能力 3. 电工电子技术应用能力 4. 液压控制技术应用能力 5. 可编程控制器应用能力 6. 数控机床调试与维护能力	职业能力培养课程(三)	1. 液压传动 2. 电气控制与PLC应用 3. 数控机床故障诊断与维修 4. 电工电子基础	1. 电工与电子技术实验 2. 数控系统维修实训 3. 顶岗实习
学生特长	根据学生的兴趣特长，提高人文素质，通过进行有针对性的强化训练，形成自己的特长	选修课	1. 职业任选课 2. 人文任选课 3. 学术讲座	第二课堂活动

表2　专业核心课程

主要就业岗位	序　号	核心课程
数控车床操作工	1	机械零件造型与测绘
数控铣床操作工	2	机械制造技术
加工中心操作工	3	通用机床加工(1～2)
数控加工工艺师	4	公差配合与技术测量
数控编程工程师	5	数控车工实训
数控机床维护维修工	6	数控铣工实训
数控生产管理工程师	7	数控机床故障诊断与维修
	8	顶岗实习

五、专业课程目标设计(专业核心课程，其他课程略)

(一)《机械零件造型与测绘》

通过课程学习，培养学生的空间想象力，使学生具备绘制机械产品中常见零件图(如轴类、盘盖类、支架类和箱体类零件)的能力。

主要讲授用正投影法画出图样，表达机器、部件和零件的方法；手工绘图的方法；图样中的“技术要求”以及尺寸的合理标注方法；AutoCAD软件的主要功能、特性和使用方法。

课程目标：

1. 职业能力目标

①能手工绘制正等轴测图(表现性目标)；

②能使用AutoCAD绘制专业二维图形(表现性目标)；

③能绘制轴类、盘盖类、支架类和箱体类零件图(生成性目标)；

④能使用软件对成套图纸进行管理(生成性目标)；

⑤能读懂进给机构、主轴系统的装配图(生成性目标)。

2. 职业素质目标(生成性目标)

①具有一定的空间想象力；

②工作态度严谨具有高度的责任心；

③具有团队合作工作能力。

(二)《通用机床加工1》

通过课程学习，使学生掌握车削加工技术，并培养严谨、规范的工作习惯和安全生产、成本控制、协调合作的意识，使学生具备初级或中级车工的职业素质和职业能力。

课程目标：

1. 职业能力目标

①能读懂轴、套等回转类零件的机械加工工艺文件；

②能正确选择切削用量；

③能合理选择切削液；

④能使用通用夹具和组合夹具对工件正确定位与夹紧；

⑤能合理选用常用刀具，并能刃磨普通车刀及标准麻花钻头；

⑥能完成车工(初级或中级)国家职业标准所要求的零件加工；

⑦能对车床进行日常维护保养。

2. 职业素质目标

①养成严格遵守操作规程的意识；

②爱护设备及工具、夹具、刀具、量具；

③保持工作环境清洁有序，养成文明生产意识；

④爱岗敬业，具有高度的责任心。

(三)《通用机床加工 2》

通过课程学习，使学生掌握铣削加工技术，并培养严谨、规范的工作习惯和安全生产、成本控制、协调合作的意识，使学生具备初级或中级铣工的职业素质和职业能力。

课程目标：

1. 职业能力目标

①能读懂加工工艺文件；

②能正确选择切削用量；

③能合理选择切削液；

④能正确选用铣床通用夹具和专用夹具；

⑤能正确选用、安装铣刀；

⑥能完成铣工(初级或中级)国家职业标准所要求的零件加工；

⑦能检验外花键和角度面；

⑧能对铣床进行日常维护保养。

2. 职业素质目标

①养成严格遵守操作规程的意识；

②爱护设备及工具、夹具、刀具、量具；

③保持工作环境清洁有序，养成文明生产意识；

④爱岗敬业，具有高度的责任心。

(四)《数控车工实训》

通过课程学习，使学生具备数控车床操作能力，达到数控车工(中级或高级)的职业素质和职业能力，并培养严谨、规范的工作习惯和安全生产、成本控制、协调合作的意识。

课程目标：

1. 职业能力目标

①能读懂数控车床加工工艺文件；

②能编制轴、套、盘类零件的数控车削加工工艺规程；

③能运用固定循环、子程序进行零件加工程序编制；

④能进行程序的输入与编辑；

⑤能确定相关坐标系，并设置刀具参数；

⑥能根据工艺要求选择、安装和调整数控车床常用刀具；

⑦能对程序进行校验、单步执行、空运行并完成零件试切；

⑧能完成数控车工(中级或高级)国家职业标准所要求的零件加工；

⑨能对数控车床进行日常维护；

⑩能进行数控车床的精度检验；

⑪能正确诊断和处理数控车床的故障。

2. 职业素质目标

①养成严格遵守操作规程的意识；

②爱护设备及工具、夹具、刀具、量具；

③保持工作环境清洁有序，养成文明生产意识；

④爱岗敬业，具有高度的责任心。

(五)《数控铣工实训》

通过课程学习，使学生具备数控铣床操作能力，达到数控铣工(中级或高级)的职业素质和职业能力，并培养严谨、规范的工作习惯和安全生产、成本控制、协调合作的意识。

课程目标：

1. 职业能力目标

①能读懂铣削加工工艺文件；

②能编制曲线轮廓零件的铣削加工工艺规程；
③能使用铣削加工常用夹具装夹零件，能够选择定位基准，并找正零件；
④能根据工艺要求正确选择刀具类型和刀具几何参数；
⑤能确定数控铣削加工的切削用量；
⑥能完成数控铣工(中级或高级)国家职业标准所要求的零件加工；
⑦能利用数控铣床的功能，借助通用量具或对刀仪测量刀具的半径及长度；
⑧能对数控铣床进行日常维护；
⑨能进行数控铣床的精度检验；
⑩能正确诊断和处理数控铣床的故障。
2. 职业素质目标
①养成严格遵守操作规程的意识；
②爱护设备及工具、夹具、刀具、量具；
③保持工作环境清洁有序，养成文明生产意识；
④爱岗敬业，具有高度的责任心。

(六)《机械制造技术》

通过课程学习，使学生掌握金属切削原理与刀具、机械加工工艺编制、机床夹具设计、机械加工质量分析等方面基本知识，培养正确使用相关技术资料、国家及行业标准以及查阅各种图表的能力，培养编制机械加工工艺规程的能力和设计简单工装的能力，并锻炼和培养分析、解决机械加工过程中技术问题的初步能力。

课程目标：
1. 职业能力目标
①能编制常见零件的机械加工工艺规程；
②能正确选用刀具材料及角度；
③能制定正确的工件定位方案；
④能正确选用工装；
⑤能设计工艺装备；
⑥能正确分析机械加工质量问题，并确定解决方案；
⑦能正确使用有关技术资料。
2. 职业素质目标
①养成严格遵守操作规程的意识；
②爱护设备及工具、夹具、刀具、量具；

③保持工作环境清洁有序，养成文明生产意识；

④爱岗敬业，具有高度的责任心。

(七)《数控机床故障诊断与维修》

通过本课程的学习和训练，使学生掌握数控机床日常维护与故障检测的方法，并能够对数控机床的典型故障进行正确的诊断，初步具有排除数控机床常见故障的能力。

课程目标：

1. 职业能力目标

①能完成数控机床的日常维护；

②能进行常见数控机床故障诊断；

③能排除数控机床常见故障；

④能进行数控机床一般功能的调试(启动、关机、MDI方式、JOG方式、手轮方式等)。

2. 职业素质目标

①养成严格遵守操作规程的意识；

②爱护设备及工具、夹具、刀具、量具；

③保持工作环境清洁有序，养成文明生产意识；

④爱岗敬业，具有高度的责任心。

(八)顶岗实习

课程目标：

①熟悉职业工作环境和生产过程；

②掌握企业生产组织工作流程及管理规定；

③将所学知识和技能应用于职业工作之中，锻炼培养分析问题、解决实际问题的能力；

④完成就业前的心理准备和工作能力准备。

考核成绩分两部分：

①企业指导教师对学生进行职业工作能力考核，并给出评定成绩；

②学校指导教师对学生的实习报告和实习表现进行评价，并对其理论与实践结合能力进行评价，给出评价成绩。

两部分成绩综合后，为学生的顶岗实习成绩。

数控技术专业
课程指南

××××××学院

一、专业培养目标

在机械制造企业生产一线工作的、具有与本专业职业工作领域相适应的文化水平与素质、良好的职业道德和创新精神，掌握数控加工工艺设计和数控加工程序编制，并能够熟练进行数控加工设备操作、数控机床安装、调试及维护的高技能人才。

二、主要就业岗位

①数控设备操作工岗位；

②数控编程工程师岗位；

③数控加工工艺师岗位；

④数控生产管理工程师岗位；

⑤数控机床维护、维修岗位。

三、职业能力目标

1. 基本职业能力目标

①普通车床、铣床操作能力，应达到国家职业标准中级工水平；

②数控车床、数控铣床和加工中心操作能力，达到国家职业标准中级工或高级工水平；

③数控工艺、程序编制能力，达到中级数控工艺员水平。

2. 关键能力目标

①遵守法律、法规和有关规定；

②爱岗敬业，具有高度的责任心；

③严格执行工作程序、工作规范、工艺文件和安全操作规程；

④爱护设备及工具、夹具、刀具、量具；

⑤养成文明生产意识。

四、主要专业课程介绍

说明：主要课程介绍部分应将课程体系中的主要专业课程一一加以介绍，限于篇幅，本书只象征性地介绍三门课程。

(一)《机械零件造型与测绘》

1. 主要内容

包括机械制图与AutoCAD两部分内容，具体为：

①机械制图部分讲授用正投影法画出机器、部件和零件图样的方法；手工绘图方法；图样中“技术要求”以及尺寸的合理标注的方法；

②AutoCAD部分讲授软件的主要功能、特性和使用方法。

2. 教学方法

①采用任务驱动法、项目教学法等多种教学方法，运用多媒体演示、模型和实物展示等手段直观表达研究对象；以个人自主学习、小组讨论等多种学习方式调动学生的学习积极性；

②在专业制图教室教学。

3. 教材及参考书

(1)教材

①钱可强主编．机械制图．北京：高等教育出版社，2008

②王艳主编．AutoCAD 2008 机械制图基础教程．北京：高等教育出版社，2010

(2)参考书

①《技术产品文件标准汇编》《机械制图卷》．北京：中国标准出版社，2007

②《机械制图》国家标准

③金大鹰主编．机械制图．北京：机械工业出版社，2008

④姜勇等主编．计算机辅助设计——AutoCAD 2008 中文版基础教程．北京：人民邮电出版社，2010

4. 教师简介(略)

(二)《通用机床加工 1～2》

1. 课程主要内容

普通车削加工、铣削加工技术；工件定位方案制定；切削用量选择；加工质量分析。

2. 教学方法

①在实训车间教学，采取分组模式，组内的讨论和团结协作是任务完成的一种重要形式；

②采取课堂教学及个人独立学习相结合的形式。

3. 教材及参考书

(1)教材

龚雯，陈则钧主编．机械制造技术．北京：高等教育出版社，2008

(2)参考书

①曹奇星，赵军华主编．普通车削加工操作实训．北京：机械工业出版社，2008

②程鸿思，赵军华主编．普通铣削加工操作实训．北京：机械工业出版社，

2008

③音像教学资源选用

推荐使用机械工业出版社出版的《车工(初级)》、《铣工(初级)》VCD。

4. 教师简介(略)

(三)《数控车工实训》

1. 课程主要内容

数控车削加工工艺编制；数控车削加工程序编制；数控车削加工质量分析。

2. 教学方法

①在实训车间教学，使学生的学习过程与企业的生产过程一致；

②采取分组模式。每个小组3名同学，一名指导教师指导6～8组；

③学生自主学习为主，教师负责教学引导和答疑；

④把小组讨论作为学习的一种重要方式。小组讨论能够有效地提高分析问题、解决问题的能力。讨论题目来源于学习过程中的实际问题或教师的引导性题目，并采用有效的机制保障学习讨论的效果。

3. 教材及参考书

(1)教材

选用校本教材。

(2)参考书

①陈宁娟主编．数控车削实训与考级．北京：高等教育出版社，2008

②刘万菊，赵长明主编．数控加工职业资格认证强化实训(数控车削模块)．北京：高等教育出版社，2008

③龚雯，陈则钧主编．机械制造技术．北京：高等教育出版社，2008

4. 教师简介(略)

第九章
课程开发案例

本章为数控技术专业的核心课程之一——《数控车工实训》课程开发案例。根据“双证书”课程规范化开发要求，课程的教学文件有基础文件和教学指导文件两大类，课程基础文件的标准格式已在第八章中详细示例，本章所有的课程文件均属教学指导文件。

一、《数控车工实训》课程标准

二、《数控车工实训》课程设计报告

三、《数控车工实训》课程计划

四、《数控车工实训》课程资源开发利用报告

五、《数控车工实训》课程教师指南

六、《数控车工实训》课程指南

课程标准

课程代码：　××××××
课程名称：　数控车工实训
课程负责人：×××
课程类别：　实训课
课程学分数：3
课程时数：　120
授课对象：　数控技术专业

××××××学院

一、前言

《数控车工实训》课程是数控技术专业的核心课程之一，其前导课程为《机械制造技术》《数控加工技术》《通用机床加工》等。该课程以数控机床为实训平台，以数控加工工艺分析与工艺文件编制、加工程序编制、数控机床基本操作、工件加工与检验为核心内容。通过课程训练，使学生将理论与实践相结合，增强应用理论知识解决实践问题的能力。同时，强化数控车工的操作技能，锻炼和培养加工工艺编制和加工程序编制能力，刀具及机床工装的选择能力，数控车床维护与保养能力，最终达到《数控车工》中(高)级工职业等级水平。

课程标准总体结构如图1所示。

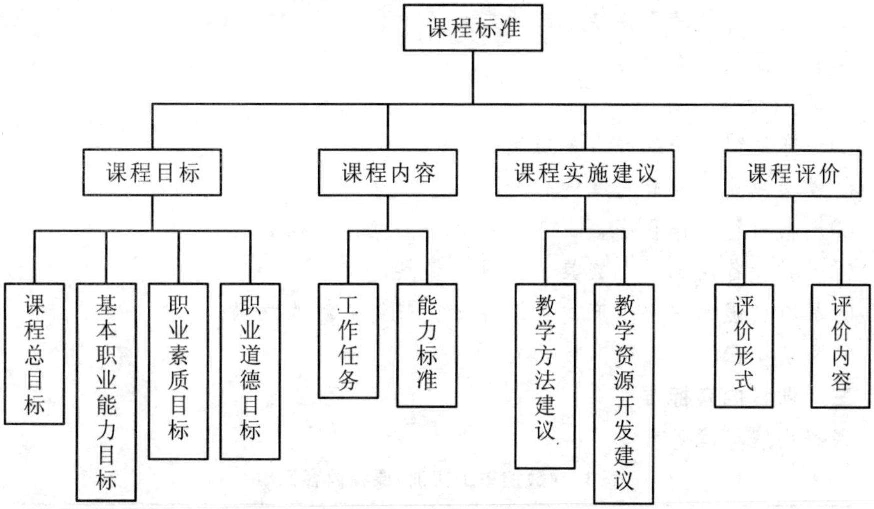

图1　课程标准总体结构

二、课程目标

1. 课程总目标

通过本课程学习，学生应能够编制中等复杂零件的数控车削加工工艺和数控加工程序，并能够操作数控车床完成零件加工。同时，应具备应用专业知识解决加工过程中技术问题的能力，并具有团队合作工作的能力，形成严格执行工作规范、安全生产等意识。最终达到《数控车工》中级工或高级工职业等级水平，获得相应的职业资格证书。

2. 基本职业能力目标

①能读懂中等复杂零件的图纸和工艺实施文件；

②能制定机械加工工艺规程；

③能根据图纸技术要求正确选用工、夹、量、刀具；

④能熟练操作数控车床完成中等复杂程度零部件的加工；

⑤能使用游标卡尺、千分尺、百分表等常用测量器具完成零件质量检验；

⑥能对数控车床进行日常维护与保养；

⑦能进行机床精度检验；

⑧能正确处理生产中出现的突发事故。

3. 职业素质目标

①具有制定工作计划的能力；

②具有学习新知识、新技术的能力；

③具有评估总结工作结果的能力；

④具有团队工作能力。

4. 职业道德目标

①遵守法律、法规和有关规定；

②爱岗敬业，具有高度的责任心；

③严格执行工作程序、工艺文件和安全操作规程；

④爱护设备及工具、夹具、刀具、量具；

⑤具有较强的安全生产、环境保护、节约资源的意识；

⑥文明生产。

三、课程内容标准

课程内容标准见表1。

表1 《数控车工实训》课程内容标准

工作任务	能力标准	主要知识与技能内容
一、数控车床基本操作 (20学时)	1. 能熟练操作数控车床； 2. 完成规定零件的加工； 3. 能够完成零件质量检验	1. 数控车床基础知识； 2. 数控车床操作技能； 3. 数控车削加工准备； 4. 刀具基本知识
二、锥轴加工 (12学时)	1. 能够完成零件加工工艺设计； 2. 能够完成车削加工程序编制； 3. 能够完成零件加工； 4. 能够完成零件质量检验	1. 轴类零件加工工艺特点与常用工装； 2. 轴类零件加工常见问题及其解决方案； 3. 车削用量选择； 4. 加工程序编制； 5. 锥轴精度检验

续表

工作任务	能力标准	主要知识与技能内容
三、定位套加工（12 学时）	1. 能够完成零件加工工艺设计； 2. 能够完成车削加工程序编制； 3. 能够完成零件加工； 4. 能够完成零件质量检验	1. 套类零件加工常用工艺方法； 2. 套类零件加工常见问题及其解决方案； 3. 加工程序编制； 4. 孔精度检验
四、带螺纹零件加工（8 学时）	1. 能够完成零件加工工艺设计； 2. 能够完成车削加工程序编制； 3. 能够完成零件加工； 4. 能够完成零件质量检验	1. 螺纹加工程序的编制； 2. 螺纹车刀及材料； 3. 零件精度检验
五、传动轴加工（20 学时）	1. 能够完成零件加工工艺设计； 2. 能够完成车削加工程序编制； 3. 能够完成零件加工； 4. 能够完成零件质量检验	1. 多轴段轴加工的工艺特点与常用工装； 2. 加工中常见问题及其解决方案； 3. 轴精度检验
六、曲轴加工（24 学时）	1. 能够完成零件加工工艺设计； 2. 能够完成车削加工程序编制； 3. 能够完成零件加工； 4. 能够完成零件质量检验	1. 曲轴加工工艺特点与常用工装； 2. 曲轴加工常见问题及其解决方案； 3. 加工程序编制； 4. 曲轴精度检验
七、配合件加工（24 学时）	1. 能够完成零件加工工艺设计； 2. 能够完成车削加工程序编制； 3. 能够完成零件加工； 4. 能够完成零件质量检验	1. 配合件加工工艺特点； 2. 配合件加工常见问题及其解决方案； 3. 配合件精度检验

四、实施建议

(一)教学建议

1. 按照企业生产管理模式组织教学

将教学环境设置为企业生产现场，实训车间即为企业的生产车间，教师相当于车间主任，下设若干个生产班组，每组6～8人。生产任务和要求由“车间主任”下达，“班组长”组织生产。各种生产技术问题，先在班组内讨论解决，必要时请求教师指导。

2. 采取分组教学模式

依据学生学习能力和接受程度的不同，应为各生产班组设计不同的教学目标和内容。教学目标可分为高级工职业能力和中级工职业能力两种。

3. 提供丰富的教学参考资料

为学生提供充足的学习资料，如工作日志、辅导书、机床操作手册、故障维修手册、操作规程及岗位职责等。

4. 注重职业素质和人文素养的养成

在整个教学过程中，把“5S”要求作为一项重要内容，并且作为学生学习工作态度的重要考核项目之一，培养学生养成严谨、求实、积极进取的工作作风。

(二)教学条件建议

1. 本课程所需数控车床，按照每2～3名学生一台配备。故满足教学需要的最低设备及工艺装备数量为16～18台(套)。设备型号推荐采用CKA6140i或CKA6136i。

2. 游标卡尺、内径千分表、百分表等测量工具若干套。

3. 螺纹测量器具建议制作专用量规。

(三)教材和参考资料选用建议

1. 编写专用教材

教材内容要以来自企业生产一线的典型产品加工案例为主，包含程序编制、工艺规程制订、机床操作、工装夹具选用、工件检测等知识，融入国家职业标准的要求，突出职业综合能力的培养。

2. 参考资料选用

(1)课程参考资料

包括企业生产实例、生产工艺文件、实训学习指导文件等资料。

(2)信息技术应用资料

包括电子教材、电子教案、仿真加工视频、零件加工视频等网络资源。

(四)学习效果评价建议

1. 评价原则

①过程性考核与终结性考核相结合，加强各个阶段的考核记录，将考核情况及时反馈给学生，使学生在后面的学习中得以改进；

②定性评价与定量评价相结合，关注学生个体差异，发挥评价的激励作用，保护学生自尊心，激发学生自信心；

③理论与实践并重的考核原则。在评价上，应采用理论考核和实践考核相结合的模式；

④课程评价标准中融入国家职业标准要求的内容，突出职业能力评价。

2. 考核方式

考核成绩由操作技能考核和实训报告两部分组成，比例为8∶2。

(五)课程资源的开发与利用

本课程应该充分利用地域行业优势，加大学生在企业生产现场的学习时间。此外，还要与企业专家共同开发以下课程资源：

1. 完善校内生产性实训基地

主要工作是根据课程实施的条件要求，对生产实训基地的功能进行完善，包括对现有设备、场地等的改造，也包括增添新设备及其他实训条件等工作。

2. 进一步发展校外实训基地

此项工作包括三项内容，一是增加校外实训基地的数量，使其满足学生实训需要；二是增加校外实训基地所在的生产行业类型，使学生实训尽可能地在更广泛的生产领域中进行；三是根据本届学生的就业预测方向，对校外实训基地进行必要的筛选，选出与就业方向相同或相近的校外实训基地，安排学生实训。

课程设计报告

课程代码：　×××××××

课程名称：　数控车工实训

课程负责人：×××

课程类别：　实训课

课程学分数：3

课程时数：　120

授课对象：　数控技术专业

××××××学院

一、课程目标及定位

根据《数控车工实训》课程标准，本课程为数控技术专业的核心课程之一，其课程目标是：强化数控车工操作技能，锻炼和培养加工工艺编制和加工程序编制能力、刀具及机床工装的选择能力、训练数控车床日常维护与保养能力，使学生将理论与实践相结合，增强应用理论知识解决实践问题的能力，最终达到《数控车工》中级工或高级工职业等级水平。

二、课程设计思路

本着"双证书"教育原则，本课程设计以《数控车工》国家职业标准的中、高职业等级的职业能力要求为主要内容，并充分考虑高等职业教育对理论知识学习的需要，把培养理论与实践相结合的能力作为教学重点。课程以工作任务为基本教学单元，采用渐进式学习方式，待所有工作任务完成后，即达到了数控车工(中级或高级)的职业能力水平。同时，为学生提供丰富的学习资源，如企业生产案例、有关数控加工的各种技术资料等，并在培养基本职业能力的同时，加强职业素质和人文素养的培养。

1. 课程内容框架

《数控车工实训》课程内容的组成框架如图 1 所示。

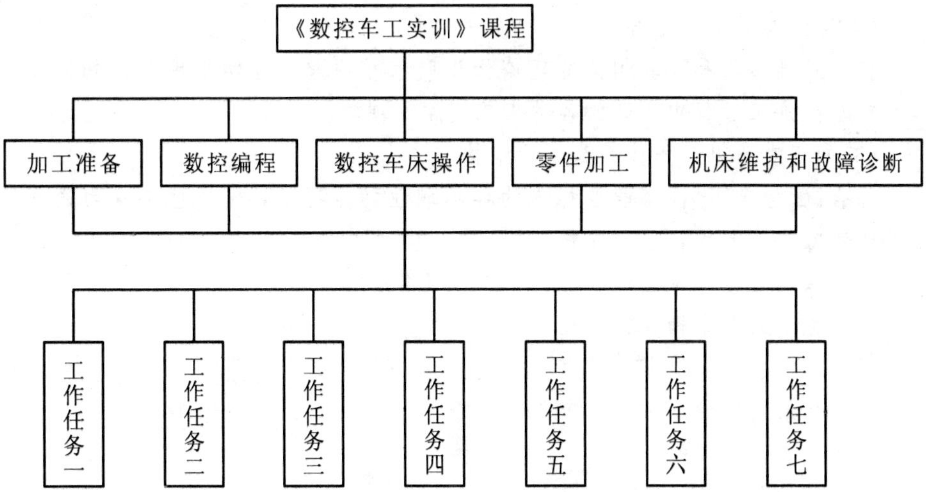

图 1　《数控车工实训》课程内容框架

2. 课程内容选择原则

根据"双证书"教学要求，本课程内容主要来源于国家职业标准、企业生产案例、高技能人才培养要求等方面，并遵循以下原则选择课程内容。

①综合考虑企业、社会实际需求，以就业为导向，从就业面向的行业(企业)选取典型生产案例作为课程内容，使学习内容更贴近职业工作要求。

②将国家职业标准中的典型技能要求作为课程内容，这些技能要求是从事职业活动的基础要求，是从业人员必须具备的能力，是职业能力发展的起点。

③结合本职业技术发展趋势，选取新技术、新工艺、新材料等方面的内容进入课程，使学生对职业技术发展趋势有一定了解和认识。

④理论内容和实践内容并重。注重技术理论知识内容，培养学生运用技术理论知识解决实际问题的能力，培养创造性工作能力，实现高端技能型人才目标。

⑤职业素质和人本素质培养内容与基本职业能力培养内容并重。职业素质和人本素质是反映人才整体素质的一个侧面，它是基本职业能力内化的催化剂，它提供了职业能力发展必需的基础，拓宽了职业能力发展的范围。

3. 课程内容排序原则

(1)能力要求由低到高

从数控机床的基本操作开始，通过对不同复杂程度的零件加工实训，达到从掌握简单技能到应用技术理论知识解决问题的能力目标。

(2)实践与理论相结合

把实践性工作和与其相关的理论知识联系在一起，让学生用理论知识解决和解释车削加工过程中碰到的各种工艺问题和现象。

(3)知识表达以工作体系为逻辑结构

综合《数控车工》国家职业标准的各项职业功能要求，将这些要求由浅入深地按照实际工作顺序，合理安排到各个工作任务中。

根据课程目标，本课程共有七个工作任务。

①数控车床基本操作(20 学时)；

②锥轴加工(12 学时)；

③带螺纹的零件加工(8 学时)；

④定位套加工(12 学时)；

⑤传动轴加工(20 学时)；

⑥曲轴加工(24 学时)；

⑦配合件加工(24 学时)。

三、课程内容设计

《数控车工实训》课程内容详见表 1。

表1 《数控车工实训》课程内容

工作任务	目标	主要内容	教学建议
一、数控车床基本操作(20学时)	1. 能开动机床； 2. 能完成数控程序输入任务； 3. 能利用机床功能对数控程序进行验证； 4. 能正确选择刀具和工装； 5. 能熟练完成对刀； 6. 能熟练完成规定零件的加工； 7. 能读懂数控加工程序	1. 数控车床型号、主要组成部分及作用； 2. 机床开动程序； 3. 数控机床面板操作； 4. 数控机床主传动系统和伺服系统运动； 5. 数控车床工装和刀具安装； 6. 数控车削刀具基础知识； 7. 数控车削编程的基本指令； 8. 数控车床基本操作训练	1. 分组教学； 2. 以学生自学为主，教师的主要职责是引导和答疑
二、锥轴加工(12学时)	1. 能够完成零件加工工艺设计； 2. 能够完成车削加工程序编制； 3. 能够利用机床功能对数控加工程序进行验证，并进行修正； 4. 能够完成零件加工； 5. 能够完成零件质量检验	1. 轴类零件加工工艺特点； 2. 轴类零件加工常见问题及其解决方案； 3. 轴类零件加工常用工装； 4. 车削用量选择； 5. 外轮廓加工程序； 6. 轴精度检验	1. 分组教学； 2. 以学生自学为主，教师的主要职责是引导和答疑； 3. 组织加工质量分析讨论，找出引起质量问题的原因，确定解决方案
三、带螺纹的零件加工(8学时)	1. 能够完成零件加工工艺设计； 2. 能够完成车削加工程序编制； 3. 能够利用机床功能对数控加工程序进行验证，并进行修正； 4. 能够完成零件加工； 5. 能够完成零件质量检验	1. 内、外螺纹加工程序、指令； 2. 螺纹车刀及材料； 3. 零件检验	1. 分组教学； 2. 以学生自学为主，教师的主要职责是引导和答疑； 3. 组织加工质量分析讨论，找出引起质量问题的原因，确定解决方案

续表

工作任务	目标	主要内容	教学建议
四、定位套加工(12学时)	1. 能够完成零件加工工艺设计； 2. 能够完成车削加工程序编制； 3. 能够利用机床功能对数控加工程序进行验证，并进行修正； 4. 能够完成零件加工； 5. 能够完成零件质量检验	1. 套类零件加工工艺特点； 2. 套类零件加工常用工艺方法； 3. 套类零件加工常见问题及其解决方案； 4. 镗孔加工注意事项； 5. 镗孔加工程序、指令； 6. 孔精度检验	1. 分组教学； 2. 以学生自学为主，教师的主要职责是引导和答疑； 3. 组织加工质量分析讨论，找出引起质量问题的原因，确定解决方案
五、传动轴加工(20学时)	1. 能够完成零件加工工艺设计； 2. 能够完成车削加工程序编制； 3. 能够利用机床功能对数控加工程序进行验证，并进行修正； 4. 能够完成零件加工； 5. 能够完成零件质量检验	1. 多轴段且带有键槽的轴加工的工艺特点与常用工装； 2. 加工中常见问题及其解决方案； 3. 典型固定循环指令应用； 4. 子程序的调用； 5. 轴精度检验	1. 分组教学； 2. 以学生自学为主，教师的主要职责是引导和答疑； 3. 组织加工质量分析讨论，找出引起质量问题的原因，确定解决方案
六、曲轴加工(24学时)	1. 能够完成零件加工工艺设计； 2. 能够完成车削加工程序编制； 3. 能够利用机床功能对数控加工程序进行验证，并进行修正； 4. 能够完成零件加工； 5. 能够完成零件质量检验	1. 曲轴加工工艺特点与常用工装； 2. 曲轴加工常见问题及其解决方案； 3. 曲轴加工程序编制方法； 4. 曲轴精度检验	1. 分组教学； 2. 以学生自学为主，教师的主要职责是引导和答疑； 3. 组织加工质量分析讨论，找出引起质量问题的原因，确定解决方案
七、配合件加工(24学时)	1. 能够完成零件加工工艺设计； 2. 能够完成车削加工程序编制； 3. 能够利用机床功能对数控加工程序进行验证，并进行修正； 4. 能够完成零件加工； 5. 能够完成零件质量检验	1. 配合件加工工艺特点； 2. 配合件加工常见问题及其解决方案； 3. 配合件数控加工程序编制特点和方法； 4. 配合件精度检验	1. 分组教学； 2. 以学生自学为主，教师的主要职责是引导和指导； 3. 组织加工质量分析讨论，找出引起质量问题的原因，确定解决方案

四、教学模式

1. 在实训车间教学，使学生的学习过程与企业的生产过程一致。

2. 采取分组模式。每个小组3名同学，一名指导教师指导6～8组。

3. 学生自主学习为主，教师负责教学引导和答疑。

4. 把小组讨论作为学习的一种重要方式。小组讨论能够有效地提高分析问题、解决问题的能力，讨论题目来源于学习过程中的实际问题或教师的引导性题目，并采用有效的机制保障学习讨论的效果。

五、课程实施需要的设备条件

课程实施需要的设备、工装等情况见表2。

表2　课程实施需要的设备及工装

序号	名称	型号	数量	附件及工具
1	数控车床	CKA6140i或CKA6136i	16台	三爪卡盘、四爪卡盘、拨盘、鸡心夹头、顶尖
2	游标卡尺	0～150mm	16套	
3	千分尺	0～25mm	16套	
4	千分尺	25～50mm	16套	
5	内径百分表	20～36mm	16套	
6	螺纹量规	根据所加工零件尺寸制作	4套	
7	零件毛坯	按图纸准备	按需准备	

六、评价

(一)考核方式

1. 实训结束时，要完成实训报告一份。

实训报告内容由实训目的、实训要求、实训内容、主要实训设备、典型实训作品及其工艺过程(包括零件图、工艺卡、数控加工程序)、实训心得体会等组成。实训报告不少于5 000字。

2. 学生必须完成平时实训作业后，才能参加操作技能考核。

(二)考核内容和要求

考核内容和要求详见表3。

表3 《数控车工实训》考核内容和要求

考核项目	考核知识点与技能点	标　准
基本技能	1. 零件图的识读； 2. 数控加工工艺分析； 3. 刀具选用； 4. 工件装夹与定位； 5. 工艺文件的编制； 6. 加工程序的编制； 7. 工具、量具等的使用	1. 掌握零件图的识读方法，并能正确识读； 2. 掌握数控加工工艺分析的目的、内容与步骤，掌握数控加工工艺的分析方法； 3. 掌握数控机床用刀具的材料和使用范围；掌握可转位刀片的代码和选用方法；掌握刀具和工具系统的选用方法，能够根据被加工零件的特征，合理选择刀具及其几何参数，确定切削用量； 4. 掌握工件定位的基本原理、常见定位方式与定位元件及数控机床用夹具的种类与特点；能够确定装夹定位方式，掌握工件装夹、找正、夹紧技能； 5. 能够编写中等复杂典型零件的数控加工工艺规程； 6. 掌握编程方法与常用指令的编程规则，能够完成中等复杂典型零件的加工程序的编制； 7. 掌握基本工具、量具等的使用范围和方法，能够对工件质量进行检验
数控机床操作	1. 操作规范与安全操作规程； 2. 操作面板的功能及使用方法； 3. 加工程序的输入、编辑与修改； 4. 装刀、对刀与参数设置； 5. 数控机床故障诊断与维护	1. 掌握数控机床的操作规范与安全操作规程； 2. 掌握数控机床操作面板的功能及使用方法，掌握数控机床的基本操作：手动方式，MDI方式，自动运行方式； 3. 掌握加工程序的输入、编辑与修改方法，并能进行正确的操作； 4. 掌握装刀、对刀与参数设置方法，并能进行正确的操作； 5. 掌握数控机床故障诊断与日常维护的基本内容和方法，能够运用相关知识判断程序故障原因，并能对简单故障进行处理和排除
数控加工技术	1. 零件的轮廓加工与检测； 2. 孔加工与检测； 3. 切槽与切断加工与检测； 4. 螺纹加工与检测； 5. 典型零件综合加工与检测	1. 掌握数控加工的主要内容和步骤 机床准备；程序输入；夹具安装；工件定位，找正、夹紧；工件零点确定；刀具参数设定；自动运行方式选择；程序验证；图形模拟、空运行程序；试加工单段运行；工件检测；修改程序；调整切削参数；正式加工 2. 零件加工 (1)掌握零件的外轮廓加工方法，能够进行零件轮廓的粗、精加工； (2)掌握孔及内轮廓加工方法，能够对零件进行钻孔、扩孔及镗孔加工

续表

考核项目	考核知识点与技能点	标　准
		(3)掌握切槽与切断加工方法，能够进行切槽与切断加工； (4)掌握螺纹加工方法，能够进行普通三角螺纹的加工； (5)能够进行中等复杂典型零件的加工与检验，加工质量符合图纸要求
操作技能考核样题	给定零件图	在规定的时间内，按零件图纸的要求完成指定零件的加工

(三)配分、评分标准

考核配分、评分情况见表4。

表4　考核配分、评分表

类别	考评内容	配分	考生得分
工艺处理	刀具的合理选择、安装和调整	5	
	工件的装夹和定位	5	
	加工工艺编制	5	
	加工程序编制	5	
加工操作过程	机床操作	15	
	工具、量具等的正确使用	3	
	安全生产与文明操作	2	
零件质量	尺寸精度	30	
	形位公差	20	
	表面质量(表面粗糙度)	10	
合计		100	

课程计划

课程代码：　×××××××

课程名称：　数控车工实训

课程负责人：×××

课程类别：　实训课

课程学分数：3

课程时数：　120

授课对象：　数控技术专业

××××××学院

××××—××××学年 第×学期

周次	学时	讲课内容（教材章节、名称）	课程类型					作业
			习题课	讨论课	实验课	实训课	考核课	
	20	工作任务一 数控车床基本操作		6		12	2	
	12	工作任务二 锥轴加工		2		8	2	
	8	工作任务三 带螺纹的零件加工		2		4	2	
	12	工作任务四 定位套加工		4		6	2	
	20	工作任务五 传动轴加工		4		12	4	
	24	工作任务六 曲轴加工		4		16	4	
	24	工作任务七 配合件加工		4		16	4	
小计				26		74	20	
合计		总学时	120					

课程主讲教师________　　教研室主任________　　学生所在院系负责人________

课程资源开发利用报告

课程代码：　××××××
课程名称：　数控车工实训
课程负责人：×××
课程类别：　实训课
课程学分数：3
课程时数：　120
授课对象：　数控技术专业

××××××学院

一、教材、参考书选用说明

1. 教材

选用校本教材。

2. 参考书选用说明

(1)陈宁娟主编．数控车削实训与考级．北京：高等教育出版社，2008

该书是高等职业院校“以就业为导向、以能力为本位”课程改革成果系列教材之一，是根据教育部新一轮职业教育教学改革成果——最新制定的机电一体化技术专业、数控技术专业人才培养方案中“数控车削实训与考级课程标准”，并参照相关国家职业标准及有关行业的职业技能鉴定规范编写的。主要内容包括编程训练与机床基本操作、数控车削中级工技能训练、数控车削高级工技能训练三个模块。书后附有数控车工中(高)级技能操作试卷和理论知识试卷，共8套。

(2)刘万菊，赵长明主编．数控加工职业资格认证强化实训(数控车削模块)．北京：高等教育出版社，2008

该书为高等职业教育技能型紧缺人才培养培训工程系列教材之一。全书共分六个单元，包括数控车床三种数控系统(FANUC，SIEMENS和华中)的基本操作、车削编程基本指令及高级指令的应用，并结合国家职业技能鉴定列举了大量例题和习题。通过学习，学生可较快地掌握数控车削加工程序编制及数控车床操作等内容。

(3)龚雯，陈则钧主编．机械制造技术．北京：高等教育出版社，2008

该书是普通高等教育“十一五”国家规划教材。书中全面介绍了机械制造过程中的相关制造技术，主要内容包括：金属切削原理和刀具；常用金属切削机床的结构及其加工特点；典型零件的加工工艺分析；机械加工工艺规程与装配工艺规程的制定原则和方法；尺寸链及其应用；机床夹具设计方法以及现代机床夹具简介；机械加工质量分析；先进制造技术等。此外，该书特别增加了数控机床加工方法内容，重点介绍数控机床加工在工艺安排、工装选择等方面与普通加工的不同之处。

3. 教学案例

教学案例来源见表1。

表1　教学案例来源

案例名称	简图	来源
一、锥轴	略	××××公司
二、定位套	略	××××公司
三、带螺纹的轴	略	××××公司
四、传动轴	略	××××公司
五、曲轴	略	××××公司
六、配合件	略	××××公司

4. 教学用音像资料的选用说明

①所选用的参考书，都带有音像教学资料，是重要的学习资源；

②机械工业出版社出版的《数控车工(初级)》、《数控车工(中级)》和《数控车工(高级)》VCD。该资料以《数控车工》国家职业标准为依据，以职业工作内容为主线，以职业工作项目为单元，采用分步讲解与演示相结合的编排方式，易于学生学习与领会。

5. 其他教学资料

①课程学习指导文件；

②零件图纸；

③数控加工工艺卡片等资料；

④《机械加工工艺人员手册》、《数控加工技术手册》等相关技术手册。

二、设备及工艺装备情况

现有设备及工艺装备条件，满足课程实施需要。

三、教师配备

每个教学班配备1名授课教师和2名实训指导教师。

四、课程学习指导文件编写示例

课程学习指导文件的编写，应以课程教学单元中的工作任务为基本单位，每个工作任务编制一份，其主要内容包括以下几个方面：

①工作任务名称；

②课时；

③工作任务描述：任务的意义及其背景，具体任务名称，课业形式，基本要求等；

④应达到的学习目标(基本职业能力和关键能力)；

⑤学习内容引导：完成任务需解决的问题，所涉及的知识内容；

⑥评价建议：评价标准，评分等级，评价形式；

⑦学习建议说明。

表2是用于指导工作任务一——锥轴车削加工用的学习指导文件，其他工作任务学习指导文件的编写按此例执行。

表2 课程学习指导编写实例

<table>
<tr><td>工作任务</td><td>锥轴数控车削加工</td><td>课时</td><td>12</td></tr>
<tr><td>学习任务</td><td colspan="3">一、任务描述(背景及意义)
带圆锥面的轴是最常见的轴类零件，简称锥轴。它在机械产品中应用十分广泛，如各类传动轴，一般均带有圆锥面。
工作任务：为工厂备件库加工某产品的锥轴备件。
数量：10个
工期：5天
二、具体任务
1. 车削加工锥轴零件一件；
2. 制定零件加工工艺；
3. 编制数控加工程序；
4. 出具零件质量检验报告。
三、学习形式
1. 学习组织形式：讲授、小组讨论、独立工作
2. 课业成果：
①零件实物一件；
②零件加工工艺卡片一份；
③数控加工程序清单一份；
④零件质量检验报告一份；
⑤学习总结一份</td></tr>
<tr><td>学习目标</td><td colspan="3">学生应能达到：
1. 根据零件尺寸、精度要求，正确选择加工设备、工装等；
2. 能正确判断毛坯精度对成品的影响结果；
3. 能正确安装、使用工装设备；
4. 独立编制轴类零件加工工艺；
5. 能制定轴类零件检验方案，并完成测量；
6. 能完成IT8级精度轴的加工</td></tr>
</table>

续表

工作任务	锥轴数控车削加工	课时	20
学习内容	1. 锥轴加工工艺特点； 2. 车削刀具选择； 3. 切削参数选择； 4. 车床工装的种类及选用； 5. 车削工艺编制要点； 6. 锥轴零件车削加工程序编制； 7. 零件质量检验； 8. 减小车削变形的工艺措施		
课业评价	一、测评点及分值 1. 零件图分析报告；（5分） 2. 加工工艺合理性；（5分） 3. 刀具材料及角度选择；（5分） 4. 工装选用；（5分） 5. 数控加工程序；（5分） 6. 检验方案；（5分） 7. 质量检验报告；（5分） 8. 小组活动；（5分） 9. 零件加工质量和效率（60分） 二、评分等级 优(90～100分) 良(80～89分) 中(70～79分) 及格(60～69分) 不及格(59分及以下) 三、评分标准 1. 1～8项测评点按照好、较好、一般、较差、差五个等级评分，每个等级相差1分。 2. 第9项测评标准按图纸技术要求评价，一项超差扣20分，两项超差扣30分，三项以上超差视为课业不合格。		

教师指南

课程代码：　××××××
课程名称：　数控车工实训
课程负责人：×××
课程类别：　实训课
课程学分数：3
课程时数：　120
授课对象：　数控技术专业

××××××学院

一、课程学习材料

1. 教材

选用校本教材。

2. 参考书

(1)陈宁娟主编．数控车削实训与考级．北京：高等教育出版社，2008

(2)刘万菊，赵长明主编．数控加工职业资格认证强化实训(数控车削模块)．北京：高等教育出版社，2008

(3)龚雯，陈则钧主编．机械制造技术．北京：高等教育出版社，2008

3. 企业案例

到企业收集或与企业专家共同开发。

4. 相关影像资料

①选用机械工业出版社出版的《数控车工(初级)》、《数控车工(中级)》和《数控车工(高级)》VCD；

②自制。

5. 相关技术手册

数控加工技术、机械加工工艺设计、工装设计等有关的技术手册。

6. 课程学习指导文件

根据课程目标和内容，由教师编写。

二、学生学习目标

①能够编制中等复杂零件的车削加工工艺和数控加工程序；

②能够使用数控车床完成零件加工；

③能够熟练使用相应量具完成工件质量检验；

④能够独立解决车削加工过程中出现的技术问题；

⑤达到《数控车工》中(高)级工职业等级水平，获得相应的职业资格证书。

三、课程内容要点

工作任务	目　　标	主要内容
一、数控车床基本操作(20学时)	1. 能开动机床; 2. 能完成数控程序输入任务; 3. 能利用机床功能对数控程序进行验证; 4. 能正确选择刀具和工装; 5. 能熟练完成对刀; 6. 能熟练完成规定零件的加工	1. 数控车床型号、主要组成部分及作用; 2. 机床开动程序; 3. 数控机床面板操作; 4. 数控机床主传动系统和伺服系统运动; 5. 数控车床工装和刀具安装; 6. 数控车削刀具基础知识; 7. 数控车削编程的基本指令; 8. 数控车床基本操作训练
二、锥轴加工(12学时)	1. 能够完成零件加工工艺设计; 2. 能够完成车削加工程序编制; 3. 能够利用机床功能对数控加工程序进行验证，并进行修正; 4. 能够完成零件加工; 5. 能够完成零件质量检验	1. 轴类零件加工工艺特点; 2. 轴类零件加工常见问题及其解决方案; 3. 轴类零件加工常用工装; 4. 车削用量选择; 5. 外轮廓加工程序; 6. 轴精度检验
三、带螺纹的零件加工(8学时)	1. 能够完成零件加工工艺设计; 2. 能够完成车削加工程序编制; 3. 能够利用机床功能对数控加工程序进行验证，并进行修正; 4. 能够完成零件加工; 5. 能够完成零件质量检验	1. 内、外螺纹加工程序、指令; 2. 螺纹车刀及材料; 3. 零件检验
四、套类零件加工(12学时)	1. 能够完成零件加工工艺设计; 2. 能够完成车削加工程序编制; 3. 能够利用机床功能对数控加工程序进行验证，并进行修正; 4. 能够完成零件加工; 5. 能够完成零件质量检验	1. 套类零件加工工艺特点; 2. 套类零件加工常用工艺方法; 3. 套类零件加工常见问题及其解决方案; 4. 镗孔加工注意事项; 5. 镗孔加工程序、指令; 6. 孔精度检验

续表

工作任务	目标	主要内容
五、传动轴加工(20学时)	1. 能够完成零件加工工艺设计； 2. 能够完成车削加工程序编制； 3. 能够利用机床功能对数控加工程序进行验证，并进行修正； 4. 能够完成零件加工； 5. 能够完成零件质量检验	1. 多轴段且带有键槽的轴加工的工艺特点与常用工装； 2. 加工中常见问题及其解决方案； 3. 典型固定循环指令应用； 4. 子程序的调用； 5. 轴精度检验
六、曲轴加工(24学时)	1. 能够完成零件加工工艺设计； 2. 能够完成车削加工程序编制； 3. 能够利用机床功能对数控加工程序进行验证，并进行修正； 4. 能够完成零件加工； 5. 能够完成零件质量检验	1. 曲轴加工工艺特点与常用工装； 2. 曲轴加工常见问题及其解决方案； 3. 曲轴加工程序编制方法； 4. 曲轴精度检验
七、配合件加工(24学时)	1. 能够完成零件加工工艺设计； 2. 能够完成车削加工程序编制； 3. 能够利用机床功能对数控加工程序进行验证，并进行修正； 4. 能够完成零件加工； 5. 能够完成零件质量检验	1. 配合件加工工艺特点； 2. 配合件加工常见问题及其解决方案； 3. 配合件数控加工程序编制特点和方法； 4. 配合件精度检验

四、供讨论的问题

供讨论的问题要以工作任务为单元编写，作为学生学习过程中讨论的备选题目。(具体内容略)

五、本课程的重要术语

1. 数控车工

从事编制数控加工程序并操作数控车床进行零件车削加工的人员。

2. 数控编程(包括手工编程、自动编程)

手工编程是指编程的各个阶段均由人工完成，编程过程是利用一般的计算工具，通过各种数学方法，人工进行刀具轨迹的运算，并进行指令编制的方法。

自动编程是指在编制几何形状复杂的零件加工程序时，借助计算机编写零件源程序，经过处理后生成加工程序的方法。

常用自动编程软件有：UG、PRO/E、MASTERCAM、CAXA 制造工程师、EDGECAM 等。

3. 工艺规程

数控加工工艺规程是规定零件数控加工过程和操作方法的工艺文件，一般包括下列内容：零件加工的工艺路线、各工序的具体内容、所用设备和工艺装备、工件的检验项目及检验方法、切削用量、时间定额等。

4. 零件定位

使零件在机床上占据正确位置的过程，称为零件定位。

5. 工艺参数

工艺参数是指为了达到预期的技术指标，工艺过程中所需选用的技术数据。数控车削加工的工艺参数包括切削速度、进给量和切削深度。

6. 公差等级

确定尺寸精确程度的等级。国标规定，公差等级分为20个，从IT01、IT00、IT1、IT2～IT18，数字越小，公差等级(加工精度)越高，尺寸允许的变动量(公差数值)越小，加工难度越大。

7. 程序调试

程序调试是将编制的程序投入实际运行前，用手工或编译程序等方法进行测试，修正语法错误和逻辑错误的过程。

六、评价建议

(一)考核方式

1. 学员在数控加工操作实训结束时，要完成实训报告一份，不少于5000字。

2. 学生必须完成实训作业后，才能参加操作技能考核。

(二)考核内容和要求

具体考核内容和要求详见《课程设计报告》。

课程指南

课程代码：　××××××
课程名称：　数控车工实训
课程负责人：×××
课程类别：　实训课
课程学分数：3
课程时数：　120
授课对象：　数控技术专业

××××××学院

一、课程培养目标

完成本课程的学习后，应达到《数控车工》中(高)级工职业等级水平，并获得相应证书。

二、课程主要内容

该课程是数控技术专业的核心课程之一，它以数控机床为实训平台，以数控加工工艺分析与工艺文件编制、加工程序编制、数控机床的基本操作、工件加工与检测为核心内容，通过课程训练，使学生将理论与实践相结合，增强应用理论知识解决实践问题的能力。同时，强化数控车工的操作技能，锻炼和培养加工工艺编制和加工程序编制能力，刀具及机床工装的选择能力，训练数控车床日常维护与保养能力，达到《数控车工》中(高)级工职业等级水平。

课程的具体内容有：

①零件图识读；

②金属切削原理和刀具基础知识；

③数控车削工艺文件制定相关知识；

④数控加工程序编制知识；

⑤数控车床操作；

⑥零件数控车削加工；

⑦车削加工质量检验。

七、点评

《数控车工实训》课程的教学目标是培养学生的工程实践能力。该课程设计有以下特点：

1. 采用任务课程为课程设计类型，课程以七个工作任务为基本单元。这些工作任务是课程目标的分解，与相应的国家职业标准相对应，学历证书和国家职业资格证书所要求的知识、技能和能力培养等内容全部融合在工作任务之中。

2. 各个工作任务有不同的难度等级和职业(岗位)能力培养方向，完成所有的工作任务后，即完成了国家职业标准所要求的一个(或两个)职业等级能力学习所要求的全部内容。

3. 课程设计目标同时满足了学历证书和国家职业资格证书要求，故学生考核合格，即说明已经达到了《数控车工》国家职业标准所要求的知识和能力水平，可获得该职业的从业资格证书。

附录

课程开发文件封面样式

一、行业(企业)调研报告封面样式
二、国家职业标准分析报告封面样式
三、实践专家研讨会总结报告封面样式
四、课程体系及课程目标设计报告封面样式
五、课程设计报告封面样式
六、课程资源开发利用报告封面样式
七、课程标准封面样式
八、课程计划封面样式
九、课时计划封面样式
十、专业课程指南封面样式
十一、课程指南封面样式

一、行业(企业)调研报告封面样式

单位：毫米

50

110

297

行业（企业）

调研报告

（小初号字，黑体，居中）

专业名称：××××××

专业代码：××××××

调研时间：××××××

调研地点：×××

调研负责人：×××

（小四号字，黑体，居中）

××××××学院

（三号字，黑体，居中）

24

210

二、国家职业标准分析报告封面样式

单位：毫米

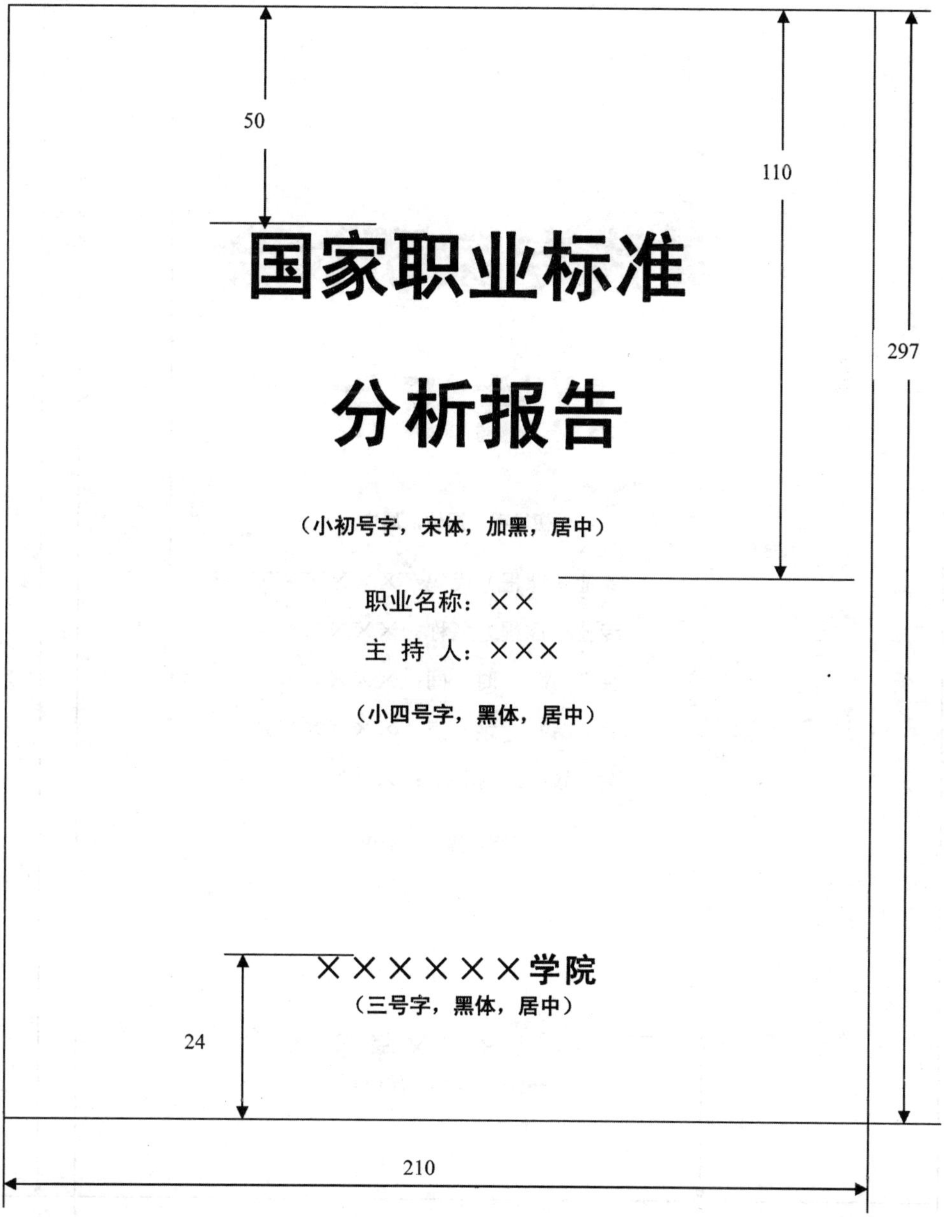

三、实践专家研讨会总结报告封面样式

单位：毫米

50

110

297

实践专家研讨会

总结报告

（小初号字，黑体，居中）

专业（课程）代码：××××××

专业（课程）名称：×××××

会　议　时　间：××××××

会　议　地　点：××××××

会　议 主　持 人：×××

（小四号字，黑体，居中）

××××××学院

（三号字，黑体，居中）

24

210

四、课程体系及课程目标设计报告封面样式

单位：毫米

50

110

297

课程体系及课程目标设计报告

（小初号字，黑体，居中）

专业（课程）代码：××××××

专业（课程）名称：××××××

主　　持　　人：×××

（小四号字，黑体，居中）

××××××学院

（三号字，黑体，居中）

24

210

五、课程设计报告封面样式

单位：毫米

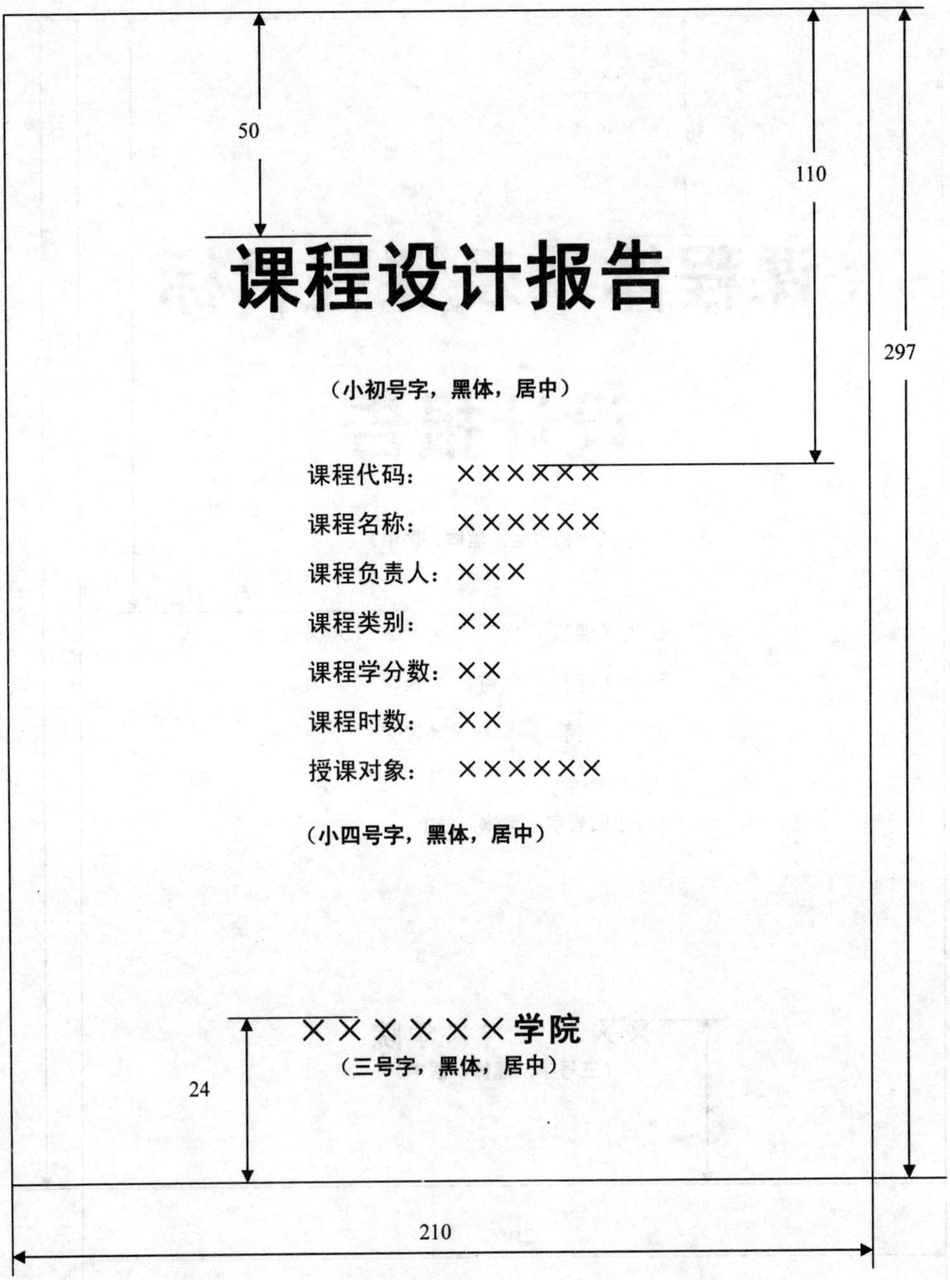

六、课程资源开发利用报告封面样式

单位：毫米

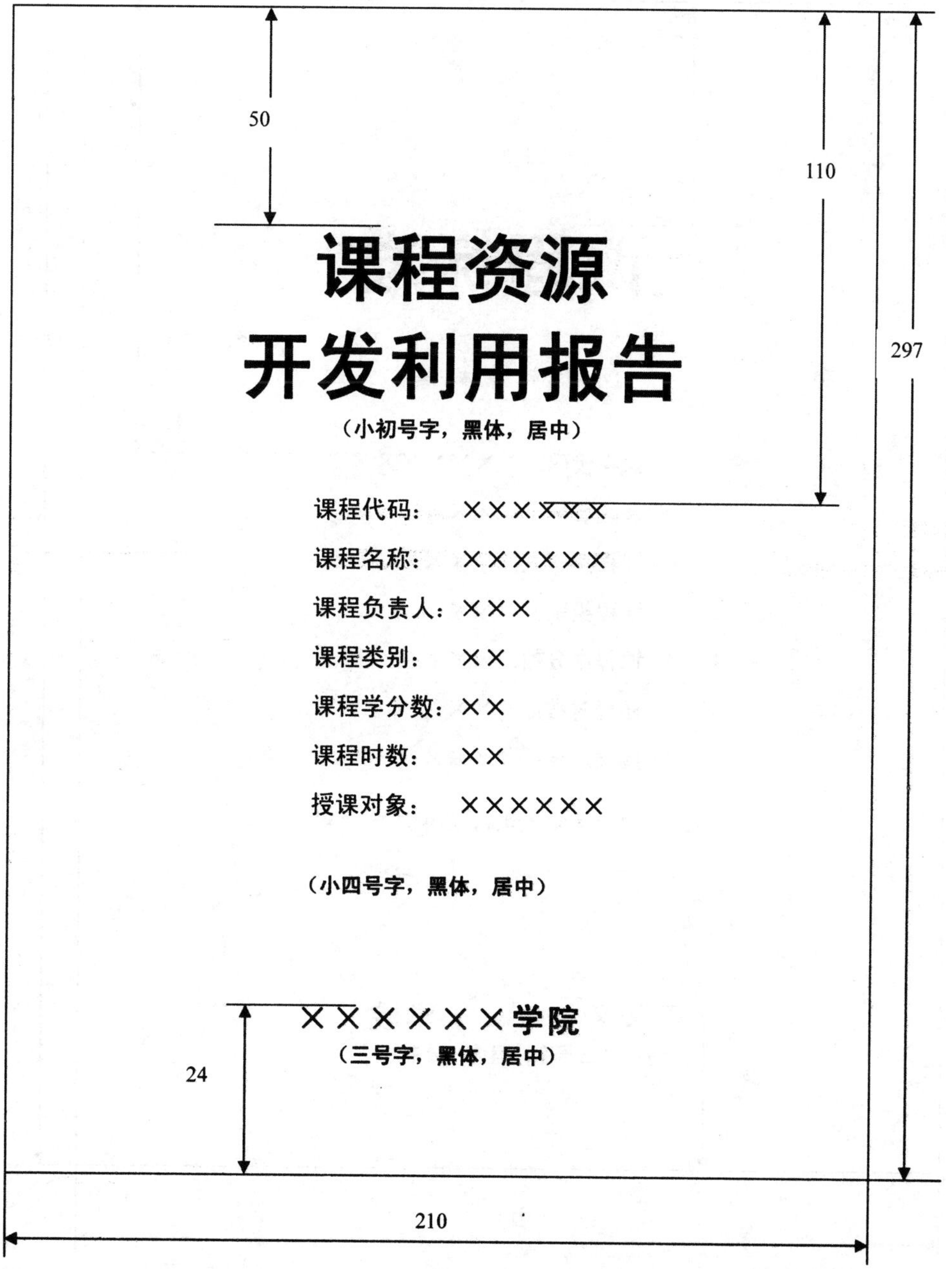

七、课程标准封面样式

单位：毫米

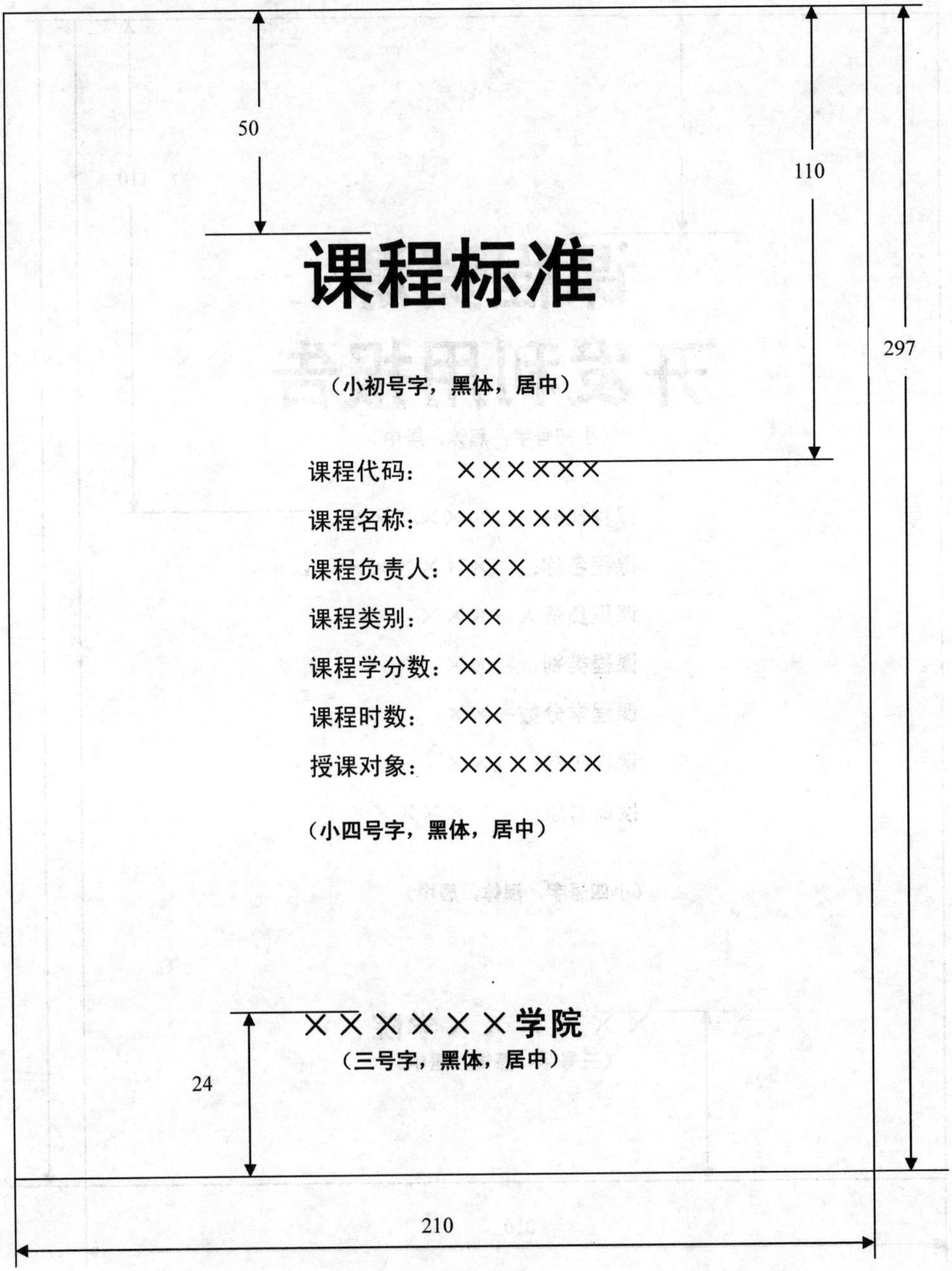

八、课程计划封面样式

单位：毫米

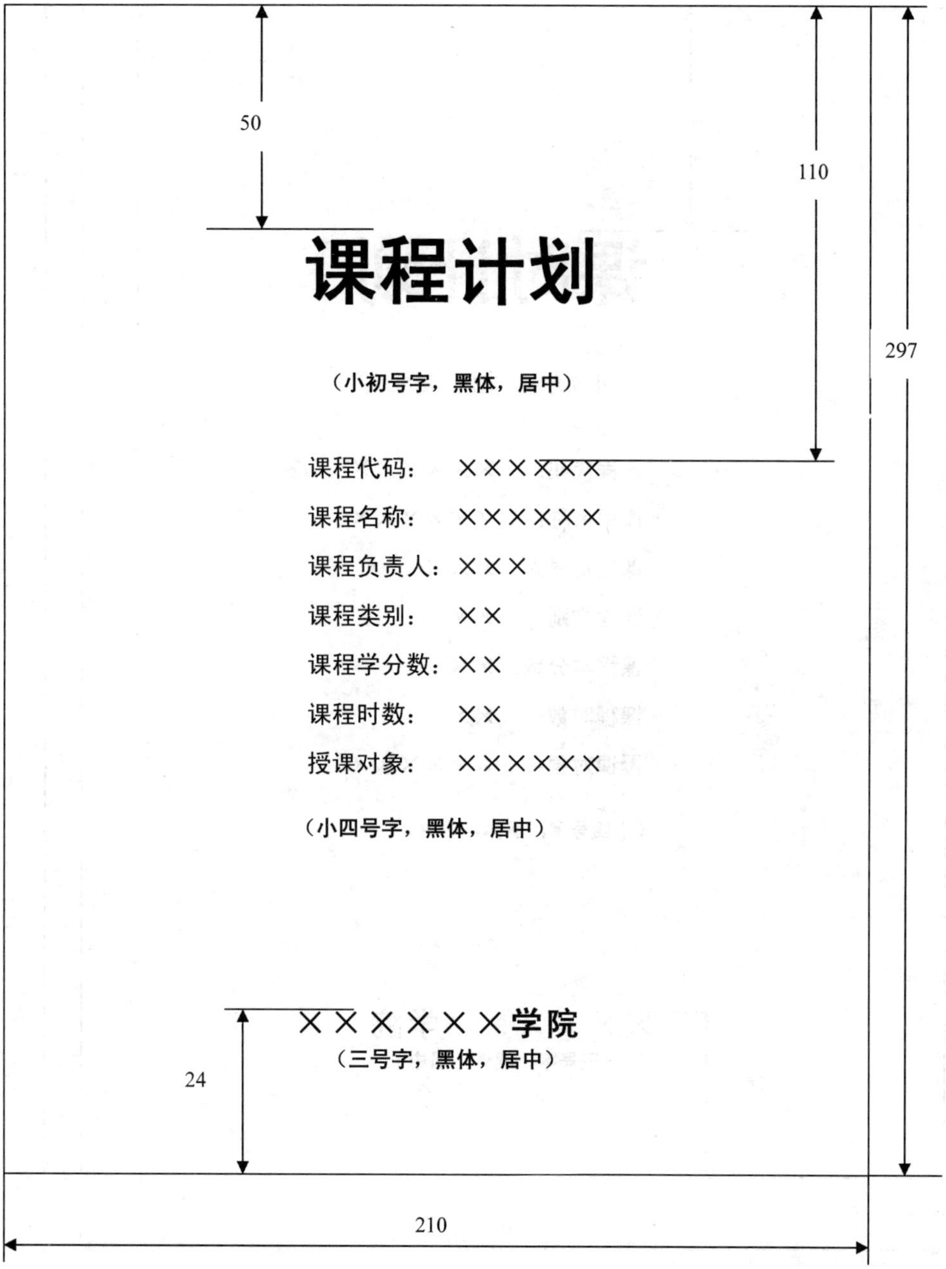

九、课时计划封面样式

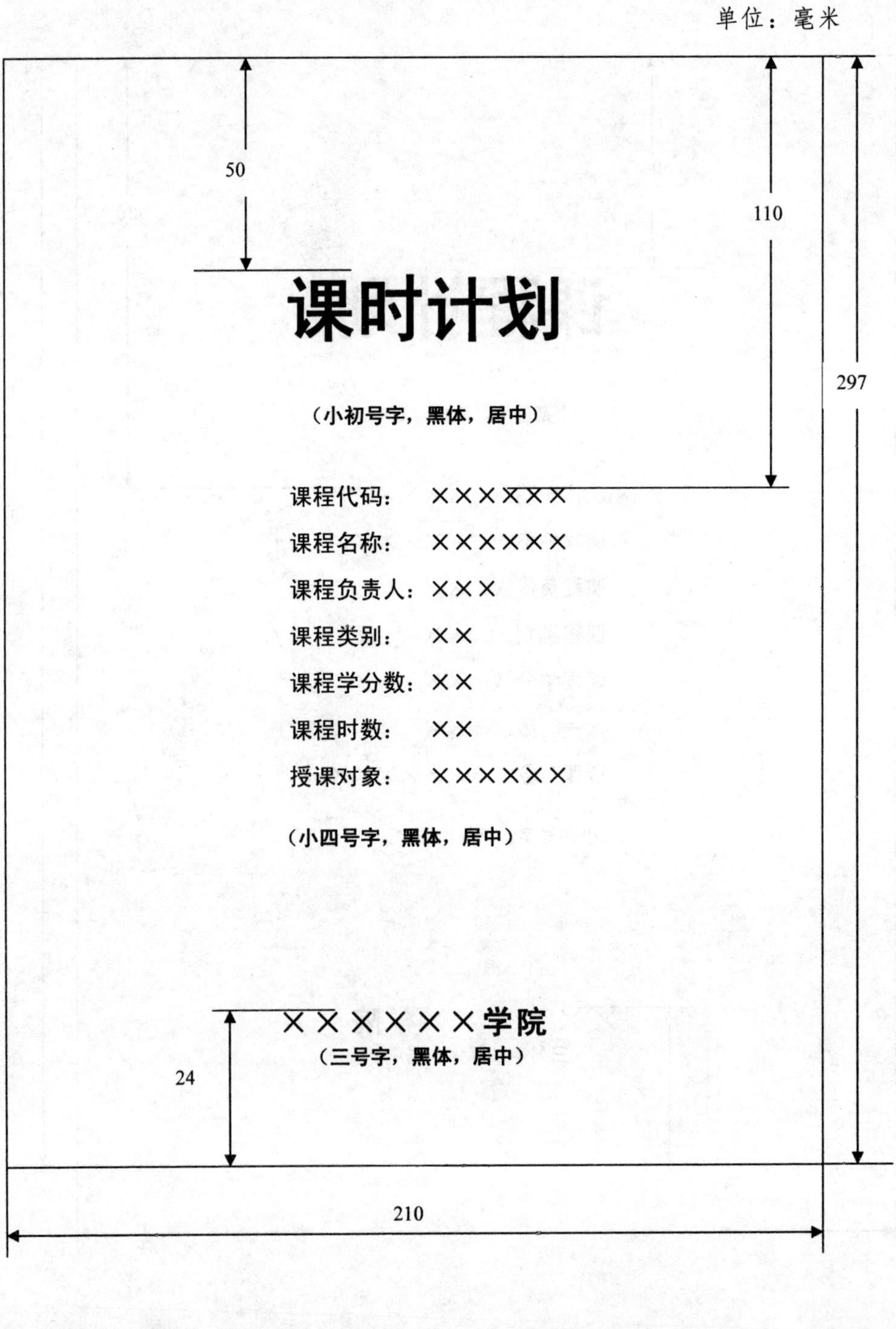
单位：毫米
50
110
297
课时计划
（小初号字，黑体，居中）
课程代码：　××××××
课程名称：　××××××
课程负责人：×××
课程类别：　××
课程学分数：××
课程时数：　××
授课对象：　××××××
（小四号字，黑体，居中）
××××××学院
（三号字，黑体，居中）
24
210

十、专业课程指南封面样式

单位：毫米

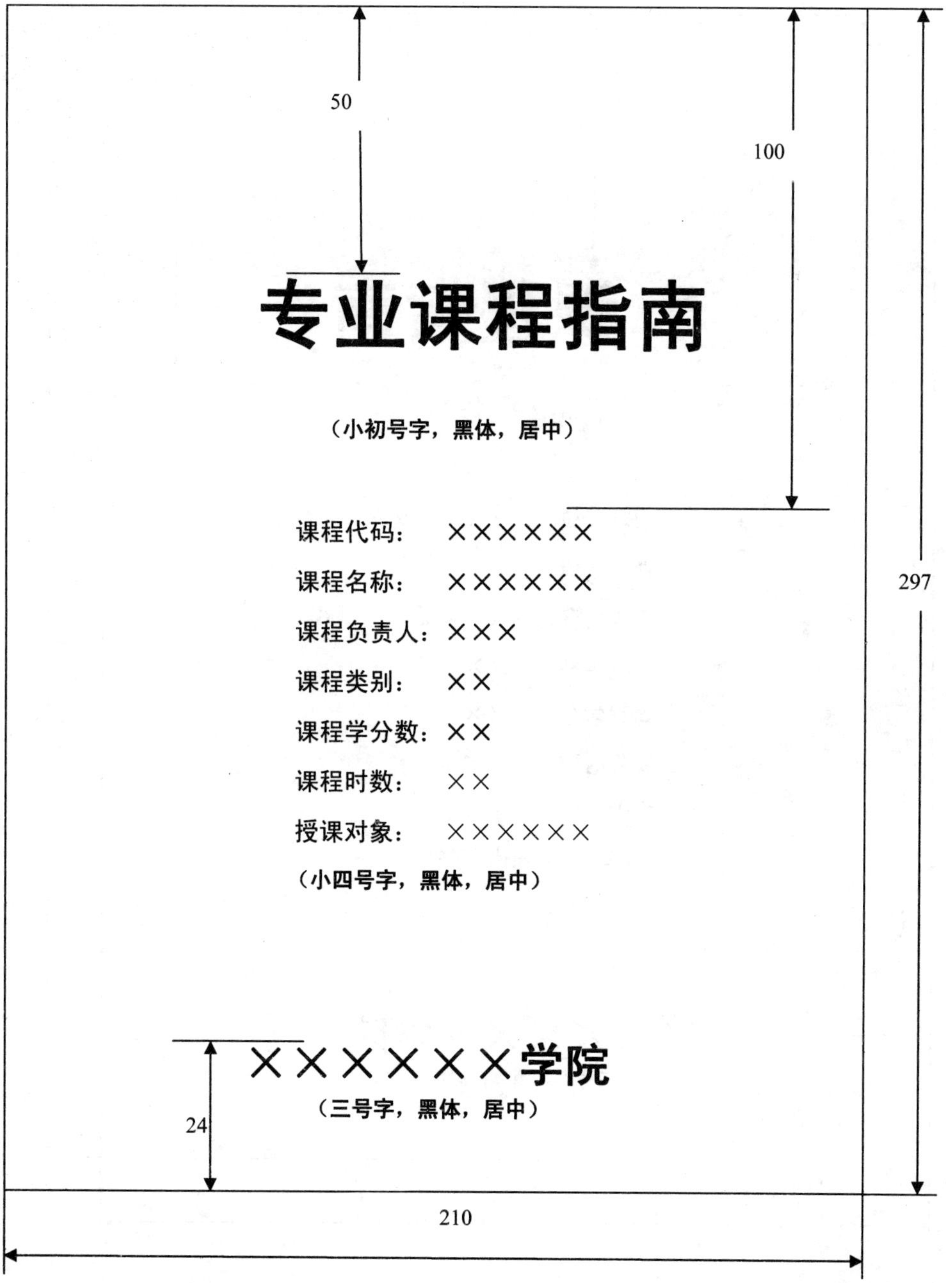

十一、课程指南封面样式

单位：毫米

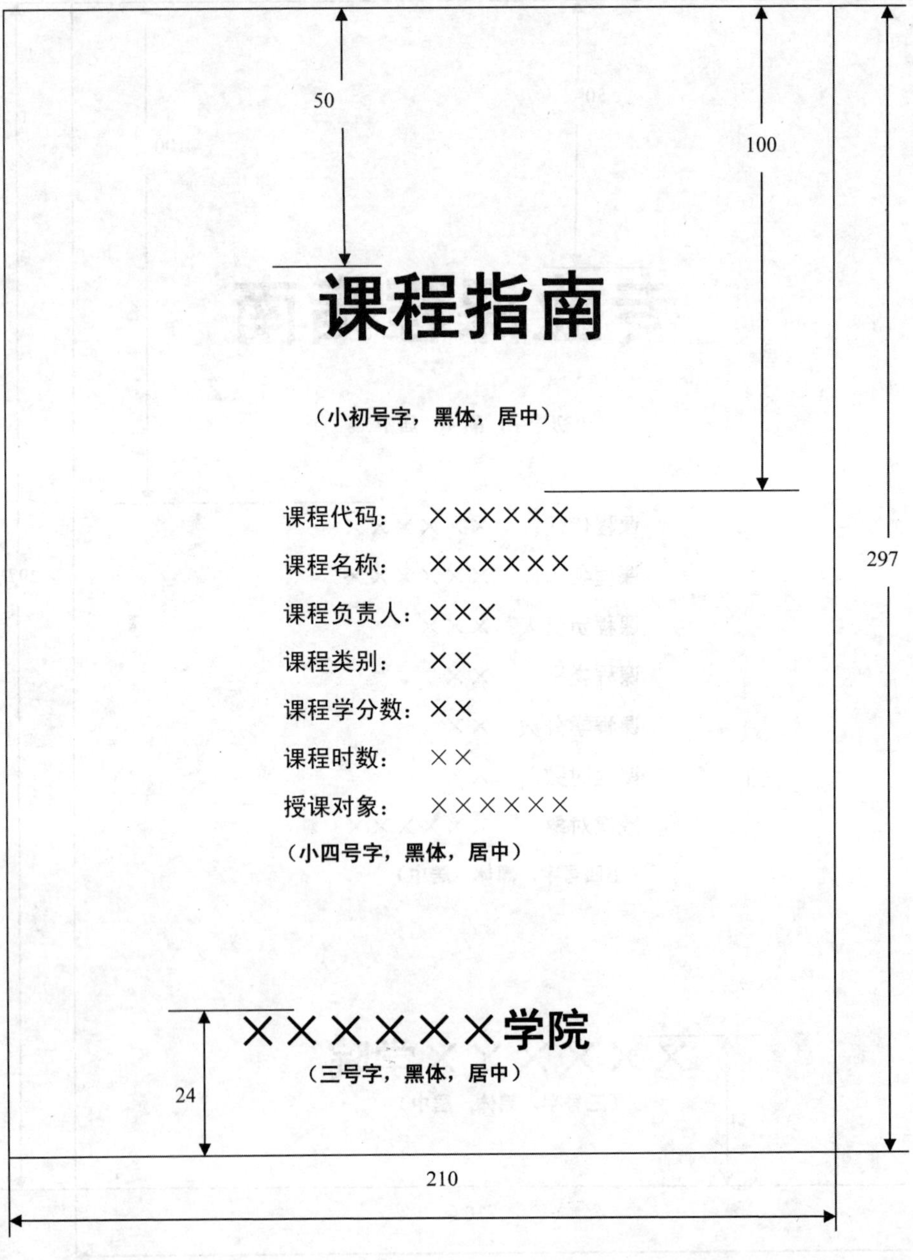

后　记

积极推进学历证书和职业资格证书"双证书"制度，推进职业学校专业课程内容和职业标准相衔接，是国家在《中长期教育改革和发展规划纲要(2010—2020年)》中提出的工作目标。

职业学校专业课程内容和职业标准相衔接是实施"双证书"课程教育的前提条件，也是在职业教育中实施职业资格认证制度的一个重要影响因素。目前，职业技术教育课程在开发过程和管理方面缺乏严格的工作标准，在课程内容设计的选择上缺乏普适性的依据，在课程开发文件的内容和种类上没有建立可遵守的技术标准，这是职业教育课程不能得到企业、行业和职业技能鉴定机构以及其他社会团体广泛认同，职业资格认证制度不能在职业教育中广泛实施的重要原因之一。针对以上问题，本书提出了以建立技术标准为主要模式的"双证书"课程规范化开发技术。该技术遵守职业资格研究的"内容主导"原则，以职业技术教育学历课程和职业资格课程为研究对象，提出了一整套符合"双证书"课程开发工作特点的、有价值的、可供借鉴的工作模式和方法技术。采用此技术，可以实现职业技术教育学历课程和职业资格课程的有效融合，为在职业教育中最终实现基于制度的而不是协商的职业资格认证制度奠定了基础。

本书共分为九章。第一章分析了"双证书"课程发展的背景和我国"双证书"教育课程发展现状，在明确了"双证书"课程规范化开发意义的基础上，提出了采用技术标准对"双证书"课程开发工作进行规范化的途径。第二章研究了"双证书"课程规范化开发的工作内容，对课程开发工作在开发工作程序、课程内容设计方法、课程开发管理、课程开发文件四个方面的规范化工作内容和要求进行了具体阐述。第三章是研究了"双证书"课程开发的关键技术，详细说明了国家职业标准分析的技术路线和课程化转化的技术，并对"双证书"课程学习情境设计技术进行了具有较强实际操作性的论述。第四章是"双证书"课程设计技术，提出了针对不同类型"双证书"课程的设计技术和要点。第五章是"双证书"课程教学设计模式研究，提出了教学设计主要环节的设计技术，并使用设计范例对该技术进行了进一步地说明。第六章对课程质量评价策略进行了比较详细地阐述，根据"双证书"课程开发、实施的特点，提出了相应的质量评价手段和评价技术。第七章是“双证书”课程规范化开发的技术方案，共有八个工作项目。每一个工作项目都详细论述了工作要素、工作标准、工作步骤和工作成果，并给出了相应的文件样本。遵循此方案，能够完成“双证书”课程开发的全部工作。第八章是专业课程体系开发的详细案例，提供了一个专业——数控技术专业在“双证书”课程开发工作中，应完成的重要技术文件的种类和文件范例。第九章以《数控车工实训》课程开发为范例，具体说明了“双证书”课程开发文件的编写方式和内容，并对各类文件的编写进行了点评，以帮助读者充分理解课程文件编写的要求和内涵。

本书是北京市教育科学“十一五”规划2008年度重点课题《高等职业教育专业课程开发的规范化与技术标准建设研究》的研究成果之一。由于“双证书”教育课程的规范化研究在国内是一个较新的研究领域，可供参考的成果和资料不多，尽管国外有较成熟的经验，但由于社会经济发展水平和管理体制的不同，对研究的借鉴意义有限，再加之作者水平和学识有限，故书中难免有不严谨、不成熟、不妥之处，恳求广大读者批评指正。

龚　雯

2011年11月于北京

参考文献

[1]马树超，郭扬著．高等职业教育跨越转型提升．北京：高等教育出版社，2008，P164

[2] 龚雯著．职业教育“双证书”课程开发论．北京：北京师范大学出版社，2010，P2

[3]夏建国．实践规范论研究．武汉大学博士论文．2004，P18

[4]夏建国．实践规范论研究．武汉大学博士论文．2004，P19

[5]国家教委社会科学研究与艺术教育司组编．自然辨证法概论．北京：高等教育出版社，1992，P255

[6] Herschbach，D. R.（1995）Technology as Knowledge：Implications. for Instruction. Journal of Technology Education. Vol. 7 No. 1，Fall

[7]劳动和社会保障部组织编写．国家职业技能鉴定教程．北京：北京广播学院出版社，2003，P107

[8]［美］David G. Armstrong．陈晓端主译．当代课程论．北京：中国轻工业出版社，2007，P153

[9]［美］David G. Armstrong．陈晓端主译．当代课程论．北京：中国轻工业出版社，2007，P152

[10]徐国庆．职业教育项目课程开发指南．上海：华东师范大学出版社，2009，p18

[11]徐国庆．职业教育项目课程开发指南．上海：华东师范大学出版社，2009，p19

[12]《毛泽东选集》第一卷．北京：人民出版社，1991 年第二版，p292

[13][美] David G. Armstrong．陈晓端主译．当代课程论．北京：中国轻工业出版社，2007，P144

[14]钟启泉，汪霞，王文静编著．课程教学论．上海：华东师范大学出版社，2008，p111

[15]乌美娜．教学设计．北京：高等教育出版社，1994，P212

[16]D. D. Gooler(1980)，“Formative Evaluation Strategies for Major Instructional Development Projects”，Journal of Instructional Development，3，7－11.

[17]中国就业培训技术指导中心编写．职业课程．北京：北京师范大学出版社，2010，P444

[18]赵志群．职业教育工学结合一体化课程开发指南．北京：清华大学出版社，2005，p120

[19]李雁冰．质性课程评价研究．华东师范大学．博士后研究报告．2000，P94

[20]龚雯著．职业教育"双证书"课程开发论．北京：北京师范大学出版社，2010，P134

[21]龚雯著．职业教育"双证书"课程开发论．北京：北京师范大学出版社，2010，P136

[22] 龚雯著．职业教育"双证书"课程开发论．北京：北京师范大学出版社，2010，P126

[23][美]Gary R . Morrison Sreven M Ross Jerrold E Kemp 著．严玉萍译．设计有效教学(第四版)．北京：

中国轻工业出版社，2007

[24]何克抗，郑永柏，谢幼如．教学系统设计．北京：北京师范大学出版社，2002

[25]陈斌等著．高职教学质量评价与测评系统开发．成都．西南财经大学出版社，2009

[26]顾红梅．高等职业技术教育项目课程教材设计研究．南京师范大学．硕士学位论文．2007

[27]王文静．基于情境认知与学习的教学模式研究．华东师范大学博士学位论文．2002

[28]赵军．我国高职实训教学设计研究．华东师范大学硕士学位论文．2010

[29]李红英．我国高等学校课程设计的理论与实践研究．兰州大学硕士学位论文．2010

[30]蒋满英．基于多元智能理论的高职课程设计研究．河北师范大学硕士学位论文．2008

[31]严中华编著．职业教育项目课程开发与实施．北京：清华大学出版社，2009

[32](美)Jon Wiles，Joseph Bondi 著．徐学福，陈静主译．课程开发实践指南．北京．：中国轻工业出版社，2007，

[33]William Doll，Jr.，A post Modern Perspective on Curriculum New York：Teachers College Press，1993

[34] 徐国庆．职业教育课程论．上海：华东师范大学出版社，2002

[35]《毛泽东选集》第一卷．北京：人民出版社．1991 第二版

[36] 劳动和社会保障部组织编写．国家职业技能鉴定教程．北京：北京广播学院出版社，2003

[37]马建福主编．职业教育学．上海：华东师范大学出版社，2008

[38]欧盟 Asia－link 项目"关于课程开发设计"课题组编．职业教育与培训——学习领域课程开发手册．北京：高等教育出版社，2007

[39]赵志群编著．职业教育与培训学习新概念．北京：科学出版社，2003

[40]姜大源主编．当代德国职业教育主流教育思想研究．北京：清华大学出版社，2007

[41]吕立杰．课程设计的范式与方法．东北师范大学博士学位论，2004

[42]黄政杰著．课程设计．台湾：台湾东华书局，1991

[43]黄克孝主编．职业和技术教育课程概论．上海：华东师范大学出版社，2001

[44]李雁冰．质性课程评价研究．华东师范大学．博士后研究工作报告．2000，

注：[1]—[19]文献与正文中引文序号对应，[23]—[44]文献因正文没有直接引用部分，故正文中没有标注。